新教材 新阅读

中学语文课外阅读基本篇目

八年级 下册

婀娜河上的美丽项链

本书编选组

南京师范大学出版社

NANJING NORMAL UNIVERSITY PRESS

图书在版编目(CIP)数据

婀娜河上的美丽项链/中学语文课外阅读基本篇
目编选组组编. —南京:南京师范大学出版社,2019.12
(中学语文课外阅读基本篇目. 八年级. 下)
ISBN 978 - 7 - 5651 - 4419 - 6

Ⅰ. ①婀… Ⅱ. ①中… Ⅲ. ①阅读课—初中—课外读
物 Ⅳ. ①G634.333

中国版本图书馆 CIP 数据核字(2019)第 257210 号

书　　名　婀娜河上的美丽项链(八年级下册)
丛 书 名　中学语文课外阅读基本篇目
组　　编　本书编选组
责任编辑　张岳全
出版发行　南京师范大学出版社
地　　址　江苏省南京市玄武区后宰门西村 9 号(邮编:210016)
电　　话　(025)83598919(总编办)　83598412(营销部)　83598009(邮购部)
网　　址　http://press.njnu.edu.cn
电子信箱　nspzbb@njnu.edu.cn
照　　排　南京理工大学资产经营有限公司
印　　刷　兴化印刷有限责任公司
开　　本　787 毫米×960 毫米　1/16
印　　张　12
字　　数　173 千
版　　次　2019 年 12 月第 1 版　2019 年 12 月第 1 次印刷
书　　号　ISBN 978 - 7 - 5651 - 4419 - 6
定　　价　29.80 元

出 版 人　彭志斌

"中学语文课外阅读基本篇目"丛书编委会

总　主　编：王国强

副总主编：彭志斌

编委会成员：(以姓氏笔画为序)

　　　　王　芳　　朱佳伟　　刘自然　　许晓婷　　张小兵

　　　　张克中　　张岳全　　林荣芹　　周正梅　　段承校

　　　　姜爱萍　　洪　亮　　袁　源　　徐　飞　　徐　溪

　　　　徐志伟　　梁国祥　　滕之先

初中分册执行主编：段承校　　张克中

本　册　主　编：滕之先

本册编写人员：段承校　　朱佳伟　　徐　溪　　王　芳

　　　　　　　滕之先　　周正梅　　袁　源

助你成为好读者
（前　言）

亲爱的少年朋友：

你好！

当你拿到这个读本时，心里一定在想，这是一本怎样的读物？它与其他读本有什么不同？

确实不同！最重要的是，作为编者，我们有一个共同的愿望，就是助你成为好读者。

说到好读者，就得先说好阅读。什么是好阅读呢？好阅读应该是：当你翻开一本书，或者展开一篇诗文的时候，心里满满的不是焦虑或倦怠，而是好奇或欢喜；你不是为了某个题目在文（书）中苦苦寻找答案，而是因为喜欢和欣赏才专心致志，手不释卷；你不愿旁观地对文（书）中的人和事指指点点，评头论足，而是读着读着嘴角就挂上了微笑，或者眼里闪出了泪光；你不会在意别人读后怎么说，而是在乎读后有没有自己的想法；你不复千篇一律地从头读到尾，而是以巧妙的方法读到了文本的精要；你不再根据要求机械地品析词句，而是对文中的语言萌生了由衷的赞叹；你不满足于会读一篇，而是乐意从一篇到多篇到一类到更多的无限延长……最关键的，你再不会盲目地夸耀自己读了多大的数量，而是深深懂得了阅读的价值，懂得在阅读中一砖一瓦、一草一木地搭建自己的精神家园，更懂得在前行的路上，无论遇到什么，都会在阅读里寻求力量。这就是真正的好阅读了。当你明白这些，并努力追求这样的阅读境界时,你就是个好读者!

那么,我们能为你的追求做点什么呢?首先,我们为你推荐。我们想着你的需要和爱好,想着你在学校正上着的语文课,就从众多读物里为你精心挑选,不只是一篇篇好诗文,更是文后的一本本好书。我们想为你的阅读打开一扇扇窗,让你看到更美的远方。其次,我们与你攀谈。在你读完一篇后,你会看到两个问题,这就是我们在跟你对话,在跟你分享阅读的快乐。这些问题没有答案,只是为了让你多想一想。当你顺着问题想一想时,你定然会会心地笑起来了,你会觉得阅读真的很好玩,你更会发现自己原来好聪明。这就是我们为你做的,真心希望你喜欢。

当然,你完全可以有自己的办法阅读这个读本。比如,你在读完一篇文章后,完全可以不理睬"导读"的问题,而是与同伴交流讨论阅读的心得,或者自己默默写点批注、笔记,甚至自己提几个更有难度的问题;也完全可以根据自己的喜好选择是否找文后"荐读"的那本书来读,读一本、十本、四五十本,都随你。但是,你一定要读,因为只有你读了,纯粹地读了,坚持地读了,你才能拥有阅读的良方,你才能在阅读里获得启蒙与成长,你的世界才会真正被智慧照亮。

请相信我们,因为,我们爱你!

衷心祝愿你成为真正的好读者!

编选组

2018 年 10 月

目　录

助你成为好读者(前言)

第一单元
洁白的纪
念碑

3 / 洁白的纪念碑——读《傅雷家书》　　刘再复

7 / 纪元旦　　林语堂

11 / 立　春　　申赋渔

14 / 龙年说龙　　贾平凹

18 / 冈底斯的诱惑(节选)　　马　原

23 / 拜把子·拜寿·拜堂　　冯骥才

第二单元
星星离我
们有多远

31 / 黑洞旅行　　斯蒂芬·霍金

37 / 十一月(节选)　　奥尔多·利奥波德

43 / 我与梭罗　　苇　岸

50 /《二十四节气志》序言　　宋英杰

57 / 春绿中的秋红(节选)　　何　频

64 / 科学小品两则　　科学松鼠会

◎ 植物的彩色智慧

◎ 雏菊世界：用尽想象去远游

第三单元

文人风骨
士子情怀

77 / 李商隐《蝉》　　　　　　　　蒙　曼

81 / 王江善养生　　　　　　　　　苏　辙

83 / 西山十记·玉泉山　　　　　　袁中道

85 / 石渠记　　　　　　　　　　　柳宗元

87 / 青堂羌善锻甲　　　　　　　　沈　括

89 /《诗经》两首

第四单元

成为一个
不惑、不
忧、不惧
的人

95 / 成为一个不惑、不忧、不惧的人　　梁启超

101 / 恢复唐以前形体美的标准　　　罗家伦

107 / 讲故事的人（节选）　　　　　莫　言

111 / 地球在转动　　　　　　　　伽利略·伽利雷

114 / 永不屈服　　　　　　　　　温斯顿·丘吉尔

117 /《君特，内心的懒猪狗：　　　史蒂芬·弗雷德
　　　魅力演讲》四篇　　　　　　里希

第五单元

婀娜河上
的美丽项
链

123 / 芙蓉城　　　　　　　　　　罗念生

127 / 风雨天一阁　　　　　　　　余秋雨

138 / 湘行二记　　　　　　　　　汪曾祺

145 / 天堂里你喝下时间　　　　　毕淑敏

155 / 婀娜河上的美丽项链　　　黄永玉

159 / 这里是纽约(节选)　　　布鲁克思·怀特

第六单元　167 / 老子:颠倒的世界和
海上之人　　　　扭曲的哲学(节选)　　　鲍鹏山
好沤鸟　171 / 庄周小传　　　佘树声

176 /《列子》三则

　　◎ 列子贵虚

　　◎ 海上之人好沤鸟

　　◎ 物不至则不反

178 / 入蜀记(节选)　　　陆　游

180 / 古代诗歌五首

　　◎ 击壤歌

　　◎ 尧　戒

　　◎ 南风歌

　　◎ 卿云歌

　　◎ 禹玉牒辞

第一单元　洁白的纪念碑

洁白的纪念碑[①]
——读《傅雷家书》

刘再复

/导读/ 读一本书的感觉或许像饮一杯茶,或许像观一幅画,亦或许像听一支曲。而他,读一本家书集,却像赏一回雪,心境澄明而眼含清泪。

一

翻译家死了,留下了洁白的纪念碑,留下了一颗蓄满着大爱的心。

二

纯真得像个孩子,虔诚得像教徒,比象牙还缺少杂质。

三

把全部爱都注入洁白的事业,像大海把全部爱情都注入了白帆。

四

在莫扎特的曲子中醉了,因为畅饮了善的纯酒。能在善里沉醉的人,才能在恶的劫波中醒着。

五

雪,任凭风的折磨,雨的打击,总还是一片洁白。

---

① 选自《岁月几缕丝:刘再复散文随笔精选》,海天出版社 2012 年版。刘再复,福建泉州人,中国现代著名学者、文学家,著有《性格组合论》《鲁迅美学思想论稿》《文学的反思》等。

六

人的意志可以把雪抛入泥潭,但不能改变雪的洁白的颜色。

七

我爱默默的白塔,翩翩的白鸽、白鹤与白鹭,但更爱洁白的、不被尘埃污染的高洁的心怀。

八

比诗还令我泪下,比小说还动我情感,比哲学还令我沉思。征服人的心灵的,是心灵本身。

九

心灵是文学的根柢。伟大的文学仰仗着心灵的渗透力,把高洁的芬芳注入世界。

十

未能发现心灵的潜流,只能盘桓于文学的此岸,感慨彼岸他人笔底的波澜。

十一

是时代的镜子。显示着一代天骄怎样闪光,怎样凋残,怎样怀着忠诚,至死还对故土唱着忘我的爱的恋歌。

十二

是心灵的镜子,照着它,能使人纯洁,使人文明,离兽类更远。

十三

对着洁白反省,才能清醒地淘汰一切不洁白。

十四

如果我们的土地容不得这样的真金子,那我们的土地一定是积淀了太多的尘埃。

十五

不懂得珍惜水晶心,那是真正的不幸。

十六

粉碎物的珍珠不是悲剧,毁灭心的珍珠才是悲剧,被毁灭的价值愈高,悲剧就愈加沉重。

十七

应当为失去江山国土而忧愤,也应当为失去洁白的心灵而忧伤。

十八

正直的战士,保卫着祖国的森林、海洋、城郭和田野,也应当保卫洁白的心灵和智慧的前额。

十九

纪念碑飞翔了,洁白复归了,我感谢春天母亲的情怀,她懂得爱,懂得珍爱那些和自己的乳汁有着一样颜色的儿女。

/ 思考 /

1. 是什么样的品格让人想到雪,想到洁白,想到纪念碑? 假如你读过《傅雷家书》,你能根据文中的文字联想到书中哪些内容?

2. 用金句做批注,是一种很有意思的读书方法。有哪本书或哪篇文章曾荡起你的情怀? 你能用写金句的方式表达一下你的感触吗?

/荐读/

"《傅雷家书》的出版,是一桩值得欣慰的好事。它告诉我们:一颗纯洁、正直、真诚、高尚的灵魂,尽管有时会遭受到意想不到的磨难、污辱、迫害,陷入到似乎不齿于人群的绝境,而最后真实的光不能永远湮灭,还是要为大家所认识,使它的光焰照彻人间,得到它应该得到的尊敬和爱。"(楼适夷《读家书,想傅雷》)那么,这是一本怎样的家书集呢?想了解它,就捧起它吧。读完后,你会明白,做一个"又热烈又恬静,又深刻又朴素,又温柔又高傲,又微妙又率真"的人,是多么好。

书　　名:傅雷家书
作　　者:傅雷、朱梅馥、傅聪、
　　　　　傅敏
出版信息:译林出版社 2016
　　　　　年版

纪元旦①

林语堂

/导读/ 总有一种力量,让人难以抵抗。无论你怎样努力,都无法淡忘。而当你不知不觉,习以为常时,你会忽然发现,其实,她一直在你身旁。

今天是廿四年二月四日,并非元旦,然我已于不知不觉中写下这"纪元旦"三字题目了。这似乎如康有为所说吾腕有鬼欤?我怒目看日历,明明是二月四日,但是一转眼,又似不敢相信,心中有一种说不出阳春佳节的意味,迫着人喜跃。眼睛一闭,就看见幼时过元旦放炮游山拜年吃橘的影子。科学的理智无法镇服心灵深底的荡漾。就是此时执笔,也觉得百无聊赖,骨胳松软,万分苦痛,因为元旦在我们中国向来应该是一年三百六十日最清闲的一天。只因发稿期到,不容拖延,只好带着硬干的精神,视死如归,执起笔来,但是心中因此已烦闷起来。早晨起来,一开眼火炉上还接着红灯笼,恍惚昨夜一顿除夕炉旁的情景犹在目前——因为昨夜我科学的理智已经打了一阵败仗。早晨四时半在床上,已听见断断续续的爆竹声,忽如野炮远攻,忽如机关枪袭击,一时闹忙,又一时凉寂,直至东方既白,布幔外已透进灰色的曙光。于是我起来,下楼,吃的又是桂圆条,鸡肉面,接着又是家人来拜年。然后理智忽然发现,说《我的话》还未写呢,理智与情感斗争,于是情感屈服,我硬着心肠走来案前若无其事地照样工作了。唯情感屈服是表面上的,内心仍在不安。此刻阿经端茶进来,我知道他心里在想"老爷真苦啊!"

---

① 选自《人生不过如此》,陕西师范大学出版社 2007 年版。林语堂,福建龙溪人,中国现代著名作家、学者、翻译家。著有《京华烟云》《吾国与吾民》《生活的艺术》等。

因为向例,元旦是应该清闲的。我昨天就已感到这一层,这也可见环境之迫人。昨晨起床,我太太说"Y. T. 你应该换礼服了!"我莫名其妙,因为礼服前天刚换的。"为什么?"我质问。"周妈今天要洗衣服,明天她不洗,后天也不洗,大后天也不洗。"我登时明白。元旦之神已经来临了,我早料到我要屈服的,因为一人总该近情,不近情就成书呆。我登时明白,今天家人是准备不洗,不扫,不泼水,不拿刀剪。这在迷信说法是有所禁忌,但是我明白这迷信之来源:一句话说,就是大家一年到头忙了三百六十天,也应该在这新年享一点点的清福。你看中国的老百姓一年的劳苦,你能吝他们这一点清福吗?

这是我初次的失败。我再想到我儿时新年的快乐,因而想到春联、红烛、鞭炮、灯笼、走马灯等。在阳历新年,我想买,然而春联走马灯之类是买不到的。我有使小孩失了这种快乐的权利吗?我于是决定到城隍庙一走,我对理智说,我不预备过新年,我不过要买春联及走马灯而已。一到城隍庙不知怎的,一买走马灯也有了,兔灯也有了,国货玩具也有了,竟然在归途中发现梅花天竹也有了。好了,有就算有。梅花不是天天可以赏的吗?到了家才知道我水仙也有了,是同乡送来的,而碰巧上星期太太买来的一盆兰花也正开了一茎,味极芬芳,但是我还在坚持,我决不过除夕。

"晚上我要出去看电影。"我说。"怎么?"我太太说,"今晚×君要来家里吃饭。"我恍然大悟,才记得有这么一回事。我家有一位新订婚的新娘子,前几天已经当面约好新郎×君礼拜天晚上在家里用便饭。但是我并不准备吃年夜饭。我闻着水仙,由水仙之味,想到走马灯,由走马灯想到吾乡的萝卜果(年糕之类)。

"今年家里没人寄萝卜果来。"我慨叹地说。

"因为厦门没人来,不然他们一定会寄来。"我太太说。

"武昌路广东店不是有吗?三四年前我就买过。"

"不见得吧!"

"一定有。"

"我不相信。"

"我买给你看。"

　　三时半，我已手里提一篓萝卜果乘一路公共汽车回来。四时半肚子饿，炒萝卜果。但我还坚持我不是过除夕。五时半发现五岁的相如穿了一身红衣服。

　　"怎么穿红衣服？"

　　"黄妈给我穿的。"

　　相如的红衣服已经使我的战线动摇了。六时发现火炉上点起一对大红蜡烛，上有金字是"三阳开泰"、"五色文明"。

　　"谁点红烛？"

　　"周妈点的。"

　　"谁买红烛？"

　　"还不是早上先生自己在城隍庙买的吗？"

　　"真有这回事吗？"我问，"真是有鬼！我自己还不知道呢！"

　　我的战线已经动摇三分之二了。那时烛也点了，水仙正香，兔灯、走马灯都点起来，炉火又是融融照人颜色。一时炮声东南西北一齐起，震天响的炮声像向我灵魂深处进攻。我是应该做理智的动物呢，还是应该做近情的人呢？但是此时理智已经薄弱，她的声音是很低微的。这似乎已是所谓"心旌动摇"的时候了。

　　我向来最喜鞭炮，抵抗不过这炮声。

　　"阿经，你拿这一块钱买几门天地炮，余者买鞭炮。要好的，响的。"我赧颜地说。

　　我写不下去了。大约昨晚就是这样过去的。此刻炮声又已四起。由野炮零散的轰声又变成机关枪的袭击声。我向来抵抗不过鞭炮。黄妈也已穿上新衣戴上红花告假出门了。我听见她关门的声音。我写不下去了。我要就此掷笔而起。写一篇绝妙文章而失了人之常情有什么用处？我抵抗不过鞭炮。

　　/ **思考** /

　　1. 你知道二十世纪二三十年代，文人们为什么在理智上拒绝过春节，甚至当时的政府都提出废除春节吗？你有没有想过为什么春节根本无法废除吗?

2. 画出《纪元旦》一文中表示时间的词语,然后揣摩一下这些词语的运用有什么特点,作者这样用有何匠心。

/ 荐读 /

生活是寻常的,它在日复一日中缓缓流逝。然而,请你凝视她吧,你会发现她日新月异,别有天地。请你思考她吧,你会明白那平常的岁月恰恰有不一般的艺术。如果你暂时无感,那就捧起这本书来,让林语堂先生带你感受生活的艺术吧。

书   名:生活的艺术
作   者:林语堂
出版信息:湖南文艺出版社
2012年版

立　春①

申赋渔

/导读/　立春日,敬神祭祖,是与天地沟通,是希望与天地达成和谐。这是先民的敬畏,也是先民的庄严。

　　三天前,掌管天文的太史就向天子禀告:某日立春。天子于是沐浴斋戒,恭敬地等候春天的到来。

　　最先感到春的气息的,是蛰伏在泥土里的小虫。然而它们并未醒来,只是懒懒地伸伸手脚,依然瞌睡着。苏醒过来的,是枯黄了一冬的草木。草叶虽没有转青,草根已变得温润鲜嫩。枯直的树枝也已变得柔软而有弹性,如果折下一根细条,你便看得到它内芯的绿了。孩童们已经不去结冰的河上玩闹,因为东风过后,冰冻开始消融,而另一种热闹已搅得他们小小的心灵蠢动不安。

　　他们要去迎春了。春神句芒住在东郊的庙里,他掌管着春的气息以及整个一年的收成,他甚至还会给有福的人增加多年的寿命。他小小的庙宇在树木的深处,人迹罕至,在冬日将尽的时节,满山的树木像还没来得及点染的枯笔水墨画,显得颇为荒凉。然而整个春天将由此发动。

　　立春的前一天,寂静的郊外突然变得骚动起来。远处的村边小道上,一条长长的充满威仪的队伍逶迤而来。从那非同寻常的鼓乐声就可以听出,是天子前来迎春了。满天的青旗,掩映着天子和他身后的三公九卿,一路浩浩荡荡。

　　叩拜句芒神的礼仪庄严而隆重。在跪拜之后,天子高高举起酒爵,然

---

　　①　选自《光阴:中国人的节气》,江苏美术出版社 2015 年版。申赋渔,记者、作家,著有《逝者如渡渡》《不裁》《不哭》等。

后徐徐泼洒在句芒面前的地上,接着又是跪拜。礼罢,人们给句芒让出道路,乐工们高奏鼓乐,句芒在人们的簇拥下向都城进发。稳稳站立在壮汉们肩头木板上的句芒,人面鸟身,方脸,神色端庄,目视远方,仿佛随时都会展翅高飞。头顶上,青色的春幡迎风而舞。在他旁边站着的,是一头雄壮有力却又憨态可掬的泥牛。

句芒进城的路上,欢迎的人群挤满了道路的两旁。扮成春官的孩童,一路奔跑着,欢呼雀跃,边走边喊:春到了,春到了。于是一路的百姓也随之奔走相告:春天来了。

句芒从眼前过去,许多手持红蜡等候的人,便相互招呼着,交换手中的红蜡,交换彼此的财运和祝福。

第二天便是立春了。还在半夜的时候,便有走街串巷的小贩高喊着:"赛过脆梨!"他们在叫卖萝卜。萝卜是立春日的人们必要吃的。叫"咬春"。

天大亮了,大人小孩,嘴里咬着萝卜,慢慢聚到了城门口。土牛还是那样,昂着头一动不动地站着哩。妈妈们抱着孩子在牛的周围转着圈,嘴里说,不生病,不生病。孩子们总要伸手去摸那好玩的土牛,可是土牛在庄严的仪式进行之前,是不能随便碰摸的。

主持"打春"仪式的,是每个地方的最高长官。他穿戴整齐,带着下属官员,在鼓声中举起柳条,鞭打土牛三下。柳条长二十四寸,寓意一年的二十四节气。之后,他把柳条交给下属和民众,让他们一路传下去,轮流鞭打。"噼啪"的鞭响,是春耕开始的信号。在这鞭打声中,土牛破碎了,泥土散落开来,露出藏在其中的小土牛。围观的人群一拥而上,你一把我一把,抢夺破碎了的土牛。牛角上的泥土洒在地里,能让土地丰收。牛身上的土放在家中,会使得今年养蚕兴旺。而牛眼的泥,据说放在药里调和了能医治眼病。即便随手捞到的一把泥土,洒在牛栏里,也能让自家的牛膘肥体壮。

年轻男子们哄抢着,头上簪满了春花的姑娘站在一旁掩嘴微笑,绢线编织的燕子、蝴蝶和春蛾在她们的头上随风颤动、翼然欲飞。

如果没有抢到土牛碎块的,并不气馁。街边的小商小贩们已经摆开了一排排的小泥牛。小牛站在彩纸和柳条装点的栏座上,四周还点缀了许多泥捏的百戏杂耍人物,不买一个,孩子们是绝不肯移动半步的。

事实上,妈妈们已经把好些美丽而好玩的东西装扮在孩子的身上了。在他们的帽子上就缝着一个用花布裹上棉花做成的春鸡。春鸡的嘴里叼着豆子,孩子几岁,便叼几粒。在他们的腰间,还佩带着绢制的春娃,寄托着妈妈对他成长的祝福。

回家了。大门上早已贴上了"宜春"二字,所有朝南的窗户上,也都贴上精致美丽的春花。父亲让孩子把抢到的泥牛的土去抹在自家耕牛的长角上,妈妈提醒父亲今天不要去河边挑水。

吃萝卜与不挑水,都是为了不犯春困。一年之计在于春,春天的每一天都不能偷懒。

/ 思考 /

1. 古人有哪些关于立春日的活动?这些活动有什么象征意味呢?

2. 文章既写了立春时仪式的庄严,也写了平民的快乐。这种庄严与快乐放在一起是否矛盾?说说你的看法。

/ 荐读 /

捧起这本书,惊蛰、清明、寒露……这些美丽的名词便会脱口而出,"春雨惊春清谷天,夏满芒夏暑相连"的歌词亦会不自觉地唱起,会无来由地浮现出古人披着蓑,戴着笠,唱着节气歌在春雨微润的田间播下第一颗种子的画面。在申赋渔先生的笔下,每一个节气都是一首田园牧歌,都是悠远的历史。他以诗意的想象,赋予了二十四节气动人的故事。也给身处钢筋水泥中的我们带来久违的清新。

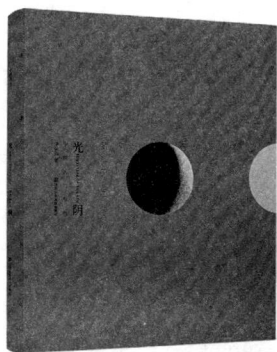

书　　名:光阴:中国人的节气
作　　者:申赋渔
出版信息:江苏美术出版社
2015 年版

龙年说龙①

贾平凹

/导读/ 西方人喜欢谈星座,中国人则喜欢谈属相。属相有什么值得谈的呢?

  中国人有许多崇拜,除了日月山河水光雷电外,也崇拜动物,认为自己的今世都是前世的动物托生,于是年年出生的人就有了鼠牛虎兔龙蛇马羊猴鸡狗猪的属相。这些动物轮流当值,十二年一轮回,每到当值就称本命年。但是,任何当值都是有权在握,主宰一切的,偏偏本命年里该属相者则惶恐,因为一辈人一辈人传下来的经验教训,本命年这一年里顺者一顺再顺,不顺者百事不顺,是一道关口,一个门槛,便得系红腰带,摆酒席,若有好事将一生二,二生三,三生无数,若有不好的事就分为一半,大而化小,小而化了。我是属龙的,世纪的钟声一过,当值的就是辰龙,而且这一个本命年,四十九岁,百岁之间最厉害的一个,所以,前几日见到几位朋友,都说:今年得给你过过生日了! 他们说着,要去商店买个好的红线编成腰带送我,也已商量着要我在什么豪华酒店里请他们的客。朋友这么一闹,我蓦地醒悟了:本命年对于当事者并不是有可能出现坎的事,而绝对只是好事,之所以系红腰带,这是在宣言这一年我的命神要当值了,是升堂,是扶上正位,最起码也是像是球场上的队长要戴上袖标一样的。以中国的儒家观点,当值也就是做了官,做官威风了得,但做官也就有了社会责任心,不能张狂,不可妄行,是大人还得小心,是

  ① 选自《自在独行:贾平凹的独行世界》(有删节),长江文艺出版社 2016 年版。贾平凹,1952 年出生于陕西省丹凤县,现代作家,著有《废都》《秦腔》《古炉》等。《秦腔》获第 7 届茅盾文学奖。

圣贤仍要庸行,如此才是公仆,为人民服务,这当然你得鞠躬尽瘁,每事慎其三思了。再者,之所以要设摆宴席,掏着口袋请客,一是众人捧场起哄,以示祝贺,二是你做官了就得安抚众人,这是钱宜散不宜聚的道理嘛!

十二个属相中,为什么选中鼠牛虎兔龙蛇马羊猴鸡狗猪,而不是狮子老熊大象,我一直弄不明白。但十一个属相都是具体的动物,唯独龙是虚拟的。中国人崇拜动物,而崇拜到图腾地步的只有龙,龙又是综合众多动物的形象而想象出来的,这就说明中国人其实宗教的意识并不浓重,他们的思维注整体,重象征,缺乏穷极物理。这种思维当然就决定了中国的哲学和艺术的特点,从庄子逍遥游到老子的大象无形,以及音乐、绘画、医学、武术、棋艺、园林莫不如是,即便是文学作品,也讲究的是生活流程的演义,悠然见南山的意境,不着一字尽得风流的形式美感,它虽不如西方悲剧的强烈而使读者为之震撼,但宽博幽远的韵味绵长在清明祥和中使灵魂得以了提升。东西方的文化差异人人都在口头上说着,在当今全球风靡美国文化的背景下,却有更多的人,尤其那些时髦的学者,偏以拿西方的东西诋毁中国的东西,拿西方人的奶油比中国人的白菜,殊不知肉食动物虽比草食动物高大强壮,但蛇蚤专吸腥血仍是小,大象吃草大象却是庞然大物。说到这里,又有一个问题出现了,龙是中国人综合诸多动物而想象出来的,那么,综合性的东西若作为图腾是非常美好的,充满了大气和庄严,可现实的动物界里,是老虎你就长你的老虎,是狮子你就长你的狮子,而既要像这样又要像那样,就只会沦落到蜥蜴,鸡,壁虎,四脚虫那样的丑陋和弱小。任何借鉴都只能是精神的吸取,而不是能达到吃了牛肉就长牛肉的。我们的祖先创造了龙的形象后,不幸的是他们的后代也就有了以龙的形象组合原理而企图生硬拼凑的习性,使我们在多个领域里发生着失误,以至于今日常常听到一种哀叹:明明是龙种为什么就生下了跳蚤呢!

龙在中国产生的年代已经够古老的了,但给我们的印象,清代的龙是绣在国旗上的,民间又是铺天盖地的到处是龙。时下之国人,动辄说是民族传统,精神的源头不是溯之而上下的,只是目光短浅到王气衰微的明清时代,以致今日庆典龙年,凡是舞龙耍狮者,凡敲锣击鼓者,所穿服装不是汉唐之衣,亦不是中山装西服,皆色彩式样恶俗不堪的明清时打扮,只差一点要再拖个油乎乎的脏辫子了。还可以看看,现在充斥我们生活中的龙的形象是多么小气和萎缩!原本龙是虚拟之物,但画龙的、做龙的人全把龙弄得越来越具体化,似乎天底下果真有了个龙的活物,如他们炕头上的猫和门后臣着的狗。我是欣赏古人对龙的刻画,它综合着鱼、虎、马、蛇、鹿和猪的,西周战国时期出土的玉器上、铜鼎上、兵器上的龙的形象是最简练而充满张力,它往往在具体的物件上随势赋形,充满了非凡的想象力。可怜如今龙被庸俗了,将蛇称龙,将猪称龙,想象力枯竭,创造力丧失,民族精神的图腾一日复一日地削弱了它伟大的气质,这是龙之国度的人要浩叹的,连属龙相的我也恨恨不平了。

前几日,一位善戏谑的朋友见我,他先前叫我小贾,数年后叫我老贾,现在开口叫我先生:"先生,该你腾云驾雾的时候了!"我说:"是吗,可你比我大,你该是先生的。"他说:"那怎么称谓你?"我说互称大人吧。大人虽是古称谓,但这称谓好,大人对着小人,从年龄上是对年长的尊重,从品德上是对君子的美誉。他说:"这好啊,贾大人,瞧你这气色,明年龙当值,你若发达了,别忘了让我们也鸡犬升天哟!"我说:"但愿如此,但我要告诉你,世上还有一个鬼,它的名字叫日弄!"

说是说笑着,但我回来还是数次翻阅了字典中关于龙的条例解说,感觉属龙的似乎也真有了龙性,臭皮囊也成了龙体,本来在医院挂了床号,每日去那里挂几瓶点滴的,就立即决定一九九九年十二月三十一日必须停止注射,让病留在前一个世纪里去吧!在前一个世纪的后近三十年里,我一直是文坛上的著名病人,躯体上、心灵上的病使我活得太难太累,如果近三十年里,尤其十二年里一直在无奈而知趣地隐着,伏着,新的一年里就该升腾显现,去呼风唤雨,去翻江倒海啊。今夜里满西安城里鼓乐喧天,人们如蜂如蚁涌向街头欢庆着新的千年,我和几位同样属龙相的朋友在家中小聚,我书写了"受命于天,寿而永昌"八个大字,这是公元前二百年时秦王嬴政统一了中国所制的玺文,我说:"哇噻,时间过了二千年,原来这玺文是给我们刻铸的哟!"

/ **思考** /

1. 贾平凹属龙,他对于自己的属相是什么看法? 对于即将到来的本命年,贾平凹又有什么看法?

2. 你的属相是什么? 你有没有听说一些跟这个属相有关的习俗? 你是怎么看待这种现象的?

/ **荐读** /

《自在独行》一书,收录了当代作家贾平凹先生四十年来散文创作的精品。贾平凹先生喜静,他的散文透着他生命的睿智与人世的悲心,展现出他"从容是真""宽释是福"的生命认识。这是写给"每个孤独的行路人"的散文集,作者将自己人生的记忆打捞、参悟,展示了一个已经消逝的时代的细节。读完此书,你可以不用去思考,只需要去缅怀。

书　　名:自在独行:贾平凹的
　　　　　独行世界
作　　者:贾平凹
出版信息:长江文艺出版社
　　　　　2016 年版

冈底斯的诱惑（节选）①

马　原

/导读/　西藏是神秘的,神秘的雪域高原是每个旅行者的梦。对于爱听神话故事的人来说,西藏就是一个神话,有神话一般的风景,还有生活在自己的神话世界里的藏民。

　　我刚才说我不想回内地,不仅仅是因为我要完成这个剧本(剧本当然要完成),我还有另一些原因。今天你们来了我很高兴,想讲一点从来没对人讲的关于我自己的事。不是爱情故事,我没有爱情故事好讲。

　　我小时候喜欢听神话故事,大概人小时候都喜欢吧。大一点了就不再喜欢。以为那是专门编出来给孩子们听的,是大人为了哄孩子顺口胡诌出来的。后来搞创作看了些文学理论方面的书,又把这些神话归入民间文学类,认为这是广大劳动人民在劳动之余创作的,是人们对善恶是非的褒贬好憎,是对生活理想化的概括和向往。我们生活在科学时代,神话这个概念对我们是过于遥远了。

　　刚从内地来西藏的人,来旅游的外国人,他们到西藏觉得什么都新鲜:磕长头的,转经的,供奉酥油和钱的,八角街的小贩诵经人,布达拉山脚下凿石片经的匠人,山上岩石雕出的巨大着色神祇,寺院喇嘛金顶,牦牛,五颜六色的经幡,沐浴节赛马节,一下子说不完。来的人围观、照相煞有介事(恐怕你们也一样),须知这根本不是什么新鲜事,这里的人们千百年来就一直这样生活着。外来的人觉得新鲜,是因为这里的生活和他们自己的完全不一样,他们在这里见到了小时候在神话故事里听到的那些

---

　　① 　选自《冈底斯的诱惑》,作家出版社1987年版。马原,中国现代著名先锋派作家,著有《冈底斯的诱惑》《虚构》《纠缠》等。

已经太遥远的回忆。他们无法理解，然而他们觉得有趣，好像这里是迪斯尼乐园中某个仿古的城堡。不是谁都能亲眼看到回忆的。

听说我们国家要在西安搞一个唐城，在那里开酒馆旅店茶肆的人都穿唐朝衣服，街道房屋也一律照唐代式样兴建。这是从开辟旅游区的角度考虑；西安附近名胜古迹居全国之首，一个仿唐的旅游城会给国家收入大量外汇。

尽管穿上唐代服装住进唐代式样的建筑，唐城的居民仍然是现代人，和你我一样；可这里不一样。我在藏多半辈子了，我就不是这里的人；虽然我会讲藏语，能和藏胞一样喝酥油茶、抓糌粑、喝青稞酒，虽然我的肤色晒得和他们一样黑红，我仍然不是这里的人。我这么说不是我不爱这里和这里的藏胞，我爱他们，我到死也不会离开他们，不会离开这里。我说我不是；我也不止一次和朋友们一起朝拜；一起供奉；我没有磕过长头，如果需要磕我同样会磕。我说我不是，因为我不能像他们一样去理解生活。那些对我来说是一种形式，我尊重他们的生活习俗。他们在其中理解和体会到的我只能猜测，只能用理性和该死的逻辑法则去推断，我们和他们——这里的人们——最大限度的接近也不过如此。可是我们自以为聪明文明，以为他们蠢笨原始需要我们拯救开导。

你们可以在黄昏到拉萨八角街去，加入转经的行列；你们可以左顾右盼看一看穿着皮藏袍的，穿着人民服的，穿着袈裟的人们。他们旁若无人，个个充满信心大步向前，一圈两圈三圈。你会觉得自己空虚无聊，吃饱没事干到这里东张西望，你会觉得自己走错了地方——这不是你该来的地方。跟你们说的这些都是我直接经历过的。

美国人为印第安人搞了一些保留地，这些保留地成了以活人为实物的文史博物馆。这里——世界屋脊青藏高原上完全是另一番情景，我的一百八十万同胞在走进了社会主义的同时——在走进科学和文明的同时，以他们独有的方式仍然生活在自己的神话世界。他们用自来水（城镇），穿胶鞋，开汽车，喝四川白酒，随着录音机的电子乐曲跳舞，在电视前看到中国和世界的大事小情。

这些使我想到，光从习俗（形式）上尊重他们是不够的；我爱他们，要真正理解他们,我就要走进他们那个世界。你们知道,除了说他们本身的生活整个是一个神话时代,他们日常生活也是和神话传奇密不可分的。神话不是他们生活的点缀,而是他们的生活自身,是他们存在的理由和基础,他们因此是藏族而不是别的什么。美国在哪?除了地理和物质的差异它和世界其他民族有什么两样呢,没有。(请原谅在这段文字里用了诡辩术——作者注)

(作者又注——在一篇小说中这样长篇大论地发感慨是很讨厌的,可是既然已经发了作者自己也不想收回来,下不为例吧。)

春天的时候我到阿里去了一个月,我跟着一个地质小队的车到了西藏西部的无人区。巧了,那里也是冈底斯山脉的延伸区域。像往常一样我在小队安营扎寨之后离开地质队员们(他们有他们的工作),背着干粮睡袋往西去。我带了指南针望远镜和一支旧驳壳枪。

这里地理情况比较复杂,有草地,有绵亘远至千里的大山脉,有沙漠,也有干涸了的沼泽地。第一天没遇到人,也没发现人留下的踪迹,如果第二天还没人迹我就要回头了。我的给养只够四天用的。第二天仍然没有人迹,但是我来到一个不大的小湖泊旁边,这真是天不绝我。我先试着尝了湖水,是淡水。温温的淡水。我走累了,天也黑下来,我找了块不长草的沙窝安顿下来。我不打算点火;这里只有枯草,我不能一夜不睡守着火堆添草。我的睡袋挺不错的,是朋友送的抗美援朝战利品。

看白天出太阳挺暖和的,到了夜间气温仍然在零下二十度上下,我索性整个钻进睡袋,把出入口的拉链拉合,睡了一觉我起身解手,突然发现身上沉甸甸地压了许多东西,我拉开拉链时湿乎乎的雪团灌了满脸,是下雪了。我抖抖脑袋钻出来,埋下头解手。等我抬起头,我一下惊呆了。

雪已经停了一些时候,满地素白色,空间很亮,可以看出去很远。不远处的湖面竟像沸水一样腾起老高的白汽。天是暗蓝色的,没有月亮,星星又低又密;白汽柱向上似乎接到了星星,袅袅腾腾向上浮动着。我相信这景致从没有人看见过,我甚至不相信我就站在这景致跟前。这是一条通向蓝色夜幕的路,是连接着星星的通道。

我以我所剩无几的白头发起誓,那条通道就在我跟前,那天晚上,在那个地图上也没标出的小湖畔,我就这样像个傻孩子似的站了许多时候。我没有向湖泊走近,我怕那是海市蜃楼,走近就消失了。

后来我重又钻进睡袋,这次我把头露在外面,看着星星一闪一闪地眨动,我没做梦就睡着了,睡得沉沉的,直到嘎嘎的野鸭群把我吵醒。这时我知道我可以不必往回去了,我起身后打了两只肥肥的黄鸭。

鸭群只在湖边嬉水,湖心仍然蒸腾着白色的水汽。我为昨天夜里的激动感到好笑,这不过是个温泉湖。在地热源非常丰富的青藏高原上,这样的小温泉湖何止一个呢,可夜里我简直像到了天堂。天气晴朗无风,太阳很快使气温上升,半尺厚的春雪到中午时已经融化得不留一点痕迹,渗入沙质草滩了。

第四天中午我走到了那个巨大羊头所在的沼泽边缘,不能再向前了,我站的地方离它大约三四百米。我沿着沼泽边缘走,试图寻找一条哪怕是能够稍稍接近它一点的途径,我失败了。没有任何一条可以接近它的路。

我是前一天晚上发现它的,当时暗红色的夕阳正缓慢地向地平线滑去。它的剪影意外地印到已经不再刺眼的巨大的落日上,我用望远镜什么也看不清楚,只模模糊糊地知道那是个平地兀立而起的什么东西。

那是个巨大的羊头,两只巨角都已经折断了,凭着几百米外的目测,我估计它有二十几米高。用我的五倍望远镜可以比较清楚地看到它是石质,表面蚀剥得很厉害。

开始我想到的,这是尊石雕。

不对。如果是石雕,它是怎么移到这里来的呢,就体积说它有几千吨,而周围没有大块的石料来源,这里又是沼泽地,它位于沼泽地里面几百米。这是一。第二,在世界各民族的宗教偶像中还从来没有以羊头塑雕的,况且又是这样规模巨大的雕像。第三,望远镜可以清楚看到羊头的各部分比例是合理的精细的,形象酷肖,下颌淹没在积水的沼泽里。我们知道东方的绘画和雕塑都是写意传神的,只有西方古代美术艺术品才是写实的,莫非这是尊希腊石雕?第四……第五。它肯定不是石雕。

这个结论有了,马上也就有了另一结论。

它是史前生物,是什么恐龙吧,也许可以叫它羊角龙吧。最遗憾的是我没带相机,没有留下这个珍贵的印象。我说了没有人相信,地质小队的不信,其他人也不信。我神经出毛病了,我得了狂想症。这是我自己的诊断。

我曾经给有关部门写了信,没有回音。

那么我也不再认真,当玩笑当故事说说而已。可是穷布呢?穷布也得了神经病?

/ 思考 /

1. 西藏在世人眼中充满着神秘感。通过作者的描述,你对西藏有了哪些了解?和你想象中的有差异吗?

2. 文章中有几处文字放在括号内,如果把括号去掉好不好?

/ 荐读 /

莫言曾对马原说:"去西藏是你的幸运。"七年的西藏生活使马原脱胎换骨,成为写小说的马原。在西藏那个有神性的地方,马原见识了另一番天地,他说自己领会了造物主的意志,即爱因斯坦所说的"显示自然界和谐和秩序的那种阔大无边的力量"。于是他的《冈底斯的诱惑》横空出世,独特的叙事方式和神秘莫测的故事内核,使作品成为20世纪80年代很重要的一部小说。

书　　名:冈底斯的诱惑
作　　者:马原
出版信息:作家出版社 1987 年版

拜把子·拜寿·拜堂[①]

冯骥才

/导读/ 拜把子、拜寿、拜堂……中国人的节庆礼仪中，"拜"字出现的频率极高，这是为什么呢？

拜把子

拜把子是结拜的俗称，通常指异姓之间因为感情好或有共同目的而相约为兄弟姐妹，或称作"结义"。拜把子后称为"金兰兄弟"、"把兄弟"、"盟兄弟"、"干哥们儿"。

"拜"是一个结成兄弟的仪式，一般行跪拜磕头的大礼；"把子"原意是指把东西扎在一起的捆子，引申为兄弟。"拜把子"的仪式包括焚香、饮血酒、跪拜、盟誓等环节。具体而言，拜把子要先定日期，日期一到，大家到庙里或一选定的地方，首先是点灯焚香、摆上祭品。其次是换帖，换帖时按人数各用一沓红纸写出每人姓名、生日、时辰、籍贯及父母、祖父和曾祖三代姓名的"金兰谱"。然后摆上天地牌位，根据年龄的大小，依次焚香叩拜。结拜时要上三支香，涵义是：上首为天，中首为地，下首为人，意为天地人三界为证。最后一起读誓词、同饮血酒。誓言一般是"皇天在上，今日某某和某某结为异姓兄弟，不求同年同月同日生，但求同年同月同日死。有难同当，有福同享"

---

① 选自《符号中国·文化遗产卷·非物质（下）》，译林出版社 2008 年版，题目为编者所加。冯骥才，1942 年生于天津，中国现代作家、文化学者。著有《雕花烟斗》《高女人和她的矮丈夫》《神鞭》《俗世奇人》等。

之类的话语。

拜把子还称作"义结金兰",也称为"契结金兰",取如金之坚、如兰之馨的寓意,源自《易·系辞上》"二人同心,其利断金;同心之言,其臭如兰"。

拜把子起源甚早,是人们基于共同利益结成小团体。通常为数人,也有多至十余人者。结拜了把子,认下了排行,他们之间比亲兄弟还亲。契结金兰,歃血为盟,叩首发誓,生死兄弟,是中国文化中特有的一种人际交往形式。历史上,拜把子是很普遍的社会现象,人们很热衷这种用契约形式肯定下来的无血缘但能达到有血缘关系的兄弟情谊。《三国演义》第一回"宴桃园豪杰三结义",一直被认为是"千古佳话",成为后世所有拜把子弟兄的榜样。连烧香磕头,三牲仪式,结盟誓词,年龄序次,都沿袭刘、关、张模式不变。《水浒传》那一百单八条好汉的大型结义,更是结拜的典范。

拜寿

"寿"是指人岁长久,为"五福"之首。一般认为上寿百岁,中寿八十,下寿六十。六十岁以下者过生日,皆不称寿。六十岁开始,称寿,也叫大生日。拜寿也就是对老人的长寿表示庆贺的活动,一般在老人生日时举行,也有的在春节举行,较隆重的有庆六十六大寿、庆七十大寿、庆八十大寿等等。

拜寿习俗各地都有一套程式,但差异很大,一般都会有布置寿堂、祭祖、晚辈行礼、摆寿宴等几项。

寿堂的布置一般是中心为烫金的"寿"字,长约一米,多挂在院子的南墙上,两侧写有"寿比南山不老松、福如东海长流水"的对联。"寿"字幅前摆供桌,旁边是两个精致的仙鹤烛台,仙鹤嘴含梅花,象征本家人品高洁、门丁兴旺,脚下踩龟,象征长寿。

祝寿时的来客,一般都要带上蒸制好的寿桃、寿果,和作为礼品赠送的寿帐、寿联。寿联上,常常书有"福如东海,寿比南山"、"寿星不老,松鹤延年"等词句。也有人送寿画,往往画些松柏、仙鹤、寿星、仙桃之类的内容,借以祝愿老人长寿。

拜寿仪式很重要,一般先要敬神、祭祖,向列祖列宗敬献祭品,跪拜三叩首。拜寿仪式正式开始后,老人被安排坐在寿堂正中的椅子上。一般称长寿老人为"寿星老",寿星是中国民间传说中主宰人间寿命的吉祥神。然后是老人的长子燃烛焚香,家中的子女分长幼依次开始给老人拜寿,磕头或鞠躬。家中的小辈给寿星磕头,寿星会给小辈红包。有的地方还要放鞭炮以增添喜庆气氛。

拜寿礼毕,寿筵开始。寿宴也是寿庆的一个重头戏。寿宴时,老人会吃"长寿面",喝"长寿酒"。家人会吃寿桃和宴席。北京的寿宴讲究桌上的每种菜品都要准备四盘,取"四四见底"之意;每张桌子坐八个人,寓意"八仙祝寿"。大户人家还要办堂会,寿庆堂会的剧目必须是"吉祥戏",多演《大四福》、《麻姑献寿》、《蟠桃会》等剧目。

这种祝寿,是晚辈对长辈能活到高龄的庆祝,也是对长辈抚育晚辈成人的答谢,更是中国几千年文明中敬老、尊老传统的一部分。老人长寿,是一个家庭生活富足平和的象征,是晚辈渴望之事。

拜堂

拜堂,是汉民族旧式婚礼中的仪式之一,指新郎新娘参拜天地、拜父母和夫妇交拜的仪式,又称"拜高堂"、"拜花堂"。

拜堂一般在婚庆仪式当天的上午或中午举行。拜堂的地方一般在洞房门前或堂屋里,娶亲的人家在家堂前设一张供桌,置香烛、陈祖先牌位或遗像,民国后设天地君亲师的牌位,供桌后方悬挂祖宗神幔。供桌上摆粮斗,内装五谷杂粮、花生、红枣等,上面贴双喜字。迎娶的花轿回来,新娘下轿时,由两位"全福人"挽扶着,身着凤冠霞帔,蒙着红盖头。新郎长袍马褂,披红插花,用红绸牵着新娘。拜堂前,燃烛焚香、鸣爆竹奏乐。此时有二人用红布袋铺地,前后传递,让新娘在上面走过。等到吉时举行结婚典礼,俗称"拜天地"。新郎新娘进门后就位跪拜,由掌礼人喊出程序名目(唱导),由两位已婚妇女充任的牵娘指导新郎新娘行三跪九叩礼:一拜天地,二拜高堂(新郎的父母、新娘的公婆），三夫妻对拜。交拜后入洞房，后来的婚礼改行鞠躬礼。

拜堂这一礼节始自唐代，新婚夫妇见舅姑的礼节称为拜堂，从皇室到士庶都很普遍。宋以后，交拜之礼已经流行。元代拜堂，于夫妇交拜外，尚有同拜天地之礼，即先拜天地，再拜公婆，最后夫妇交拜。这就是如今流传下来的三拜之礼，这些礼节表示从此女子成为男家家族的一员，因而成为婚礼过程中最重要的大礼。以后"拜堂"范围扩大，除拜天地祖先尊亲外，还须拜家族家长、友好亲朋。有些乡村于新婚次日拜宗祠后，还要拜揖乡党邻里。"拜堂"之后婚姻始告成立。

拜堂时，所拜的对象不同姿势也不同。拜天地，这反映了人们对天地神明的崇敬，姿势为新郎新娘转身面朝堂屋敞开的大门外跪拜；拜高堂，表示对祖宗、父母的尊敬，也有的地方拜新郎的丈人，拜的姿势一般为面朝北对父母双腿跪拜，有些地方为单腿下跪；夫妻互拜是女东男西，行夫妻对拜礼，或跪拜或弯腰鞠躬，有个别的地方拜堂时只新郎拜，而新娘不拜。

在当今的城市中，新式结婚礼仪中已经没有了古代的"拜堂"仪式，而是新郎穿西服、新娘披婚纱，当着主婚人、证婚人的面向长辈和亲友行鞠躬礼。但无论礼节如何改变，"拜堂"依然表达着子女对长辈的尊敬和新婚夫妇相互尊重这一传统理念。

/ 思考 /

1. 拜把子、拜寿、拜堂这三个文化符号里所呈现出的共同点有哪些？你印象最深的是哪一个？

2. 除了拜把子、拜寿、拜堂，你还知道生活中哪些"拜"？都有什么习俗或讲究呢？能否写下你的理解？

/荐读/

　　一听到"拜把子",中国人会想到刘关张、桃园三结义、《三国演义》……一看到"福"字、"寿"字,则会联想到春联、鞭炮、剪纸、财神、寿星、文房四宝……这些"符号"在我们的生活中洋溢着浓浓的华夏情味。冯骥才先生主编的《符号中国》(精编版),图文并茂地展现了各具性格的"中国符号",从文化图标到自然胜境,从人文景观到节庆仪式,从工艺器物到文学艺术……这是一本耐读的中国读本。

书　　名:符号中国(精编版)
主　　编:冯骥才
出 版 社:译林出版社2015年版

第二单元　星星离我们有多远

黑洞旅行[①]

斯蒂芬·霍金

/导读/　如果信息是守恒的,利用黑洞到另一个世界旅行是不可能的。

——霍金

落到黑洞中去是科学幻想中恐怖的一幕。现在黑洞已被说成是科学的现实,而非科学的幻想。我们有很充足的理由预言黑洞必然存在。观测证据已强烈地显示,我们所在的银河系中有黑洞,而在其他星系中则更多。

当然,科幻作家真正做到家的是,将为你描述如果你真的掉进黑洞将会发生什么。如果黑洞在旋转的话,你可穿过时空的一个小洞而到宇宙的另一个区域去,这显然产生了空间旅行的可能性。如果我们要想到别的恒星(且不说到别的星系)去旅行在未来成为现实,这倒是我们梦寐以求的途径。没有东西可比光旅行得更快这一事实意味着,即使到最邻近的恒星,来回路途也至少需要花八年时间,这就是到α-半人马座度周末

①　选自《蔚蓝的思维——科学人文读本》,上海教育出版社 2005 年版。斯蒂芬·霍金(Stephen Hawking,1942—2018),英国剑桥大学物理学教授,其著名的"黑洞旅行"思想,曾引起一股科幻热。

2004 年 7 月 21 日,在爱尔兰都柏林举行的第 17 届国际广义相对论和引力大会上,坐在轮椅上的霍金,用他带有金属混响的人工合成声音宣称:"假如你跳入黑洞,你的质量和能量将会回到我们的宇宙,但是以一种彻底分化与瓦解的形式出现。它含有的信息正如你原来所拥有的那样,但是它是以不能加以辨别的状态出现的。"从而否定了他 1994 年在英国剑桥大学艾萨克·牛顿数学研究所演讲中的说法。但《黑洞旅行》毕竟是人类对科学认识的一个脚印,由此也反映了一名大科学家敢于修正"错误",善于进取的科学态度。霍金坦诚地表示:"如果信息是守恒的,利用黑洞到另一个世界旅行是不可能的。为此,我向小说迷们道歉!"

所需要的时间！另一方面,如果人们能穿过一颗黑洞,就可在宇宙中的任何地方出现。怎么选取你的目的地还不很清楚。最初你也许想到处女座度假,结果却到了蟹状星云。

非常遗憾地告诉未来的星系旅行家们,我认为这个场景是行不通的。如果你跳进一颗黑洞,就会被撕成粉碎。然而,在某种意义上,构成你身体的粒子会继续跑到另一个宇宙中去。我不清楚,某个在黑洞中被压成意大利面条的人,如果得知他的粒子也许能存活的话,是否对他是很大的安慰。

尽管我在这里采用了稍微轻率的语气,却是基于可靠的科学作根据。我在这里讲的大部分现在已得到在这个领域作研究的其他科学家的赞同,尽管这是发生在新近的事,它引起了巨大的兴趣和激动。

我们现在称作黑洞的概念可以回溯到二百多年前,"黑洞"这个名字是晚到 1967 年才由美国物理学家约翰·惠勒提出来的。这真是一项天才之举:这个名字本身就保证黑洞进入科学幻想的神秘王国。为原先没有满意名字的某种东西提供确切的名字也刺激了科学研究。在科学中不可低估好名字的重要性。

首先讨论黑洞的是一位名叫约翰·米歇尔的剑桥人,他在 1783 年写了一篇有关的论文。他的思想如下:假设你在地球表面上向上点燃一颗炮弹。在上升的过程中,其速度由于引力效应而减慢,最终会停止上升而落回到地球上。然而,如果它的初速度大于某个临界值,它将永远不会停止上升并落回来,而是继续向外运动。这个临界速度称为逃逸速度。地球的逃逸速度大约为每秒 7 英里①(11.3 千米),太阳的逃逸速度大约为每秒 10 英里(16.1 千米)。这两个速度都比实际炮弹的速度大,但是它们比起光速来就太小了,光速是每秒 186 000 英里(30 万千米)。这表明引力对光的影响甚微,光可以毫无困难地从地球或太阳逃逸。可是,米歇

---

① 英里:英制长度单位,1 英里约为 1.61 千米。

尔推论道，也许可能有这样的一颗恒星，它的质量足够大而尺度足够小，这样它的逃逸速度就比光速还大。因为从该恒星表面发出的光会被恒星的引力场拉曳回去，所以它不能到达我们这里，因此我们不能看到这颗恒星。然而，我们可以根据它的引力场作用到附近物体上的效应检测到它的存在。

把光当作炮弹处理是不自洽的。根据在 1887 年进行的一项实验（指迈克尔孙与莫雷"探测以太漂移"的实验），光线总是以恒常速度旅行。那么引力怎么能使光线减慢呢？直到 1915 年爱因斯坦提出广义相对论后，人们才有了引力对光线效应的自洽理论。本世纪 60 年代，人们已广泛意识到这个理论对老的恒星和其他重质量物体的含义。

根据广义相对论，空间和时间一起被认为是形成称作"时空"的四维空间。这个空间不是平坦的，被在它当中的物质和能量所畸变或者弯曲。在向我们传来的光线或者无线电波在太阳附近受到的弯折中可以观测到这种曲率。在光线通过太阳邻近的情形时，这种弯折非常微小。然而，如果太阳被收缩到只有几英里的尺度，这种弯折就会厉害到这种程度，即从太阳表面发出的光线不能逃逸出来，它被太阳的引力场拉曳回去。根据相对论，没有东西可以比光旅行得更快，这样就存在一个任何东西都不能逃逸的区域，这个区域就叫做黑洞。它的边界称为事件视界，是由刚好不能从黑洞逃出而只能停留在边缘上徘徊的光线形成的。

太阳能收缩到只有几英里的尺度，听起来似乎是不可思议的。人们也许认为物质不可能被压缩到这种程度，但实际上这是可能的。

太阳具有现有的尺度是因为它是热的，它正在把氢燃烧成氦，如同一颗受控的氢弹。这个过程中释放出的热量产生了压力，这种压力使太阳能抵抗得住自身引力的吸引，正是这种引力使得太阳尺度变小。

然而，太阳最终会耗尽它的燃料。这要发生也是在再过大约五十亿年以后的事，所以不必焦急订票飞到其他恒星去。然而，具有比太阳更大质量的恒星会更迅速地耗尽其燃料。在燃料用尽后就开始失去热量并且收缩。如果它们的质量比太阳两倍还小,最终会停止收缩,并且趋向于一种稳定的状态。这样的状态之一叫作白矮星,具有几千英里的半径和每立方英寸①几百吨的密度。另一种状态是中子星,具有大约十英里的半径和每立方英寸几百万吨的密度。

在银河系我们紧邻的区域观察到大量的白矮星。然而,直到 1967 年约瑟琳·贝尔和安东尼·赫维许在剑桥才首次观测到中子星。那时他们发现了称作脉冲星的发出射电波规则脉冲的物体。最初,他们惊讶是否和外星文明进行了接触。我的确记得,在他们要宣布其发现的房间里装饰了"小绿人"的图样。然而,他们和所有其他人最后只能得出不太浪漫的结论,这些物体原来是旋转的中子星。对于擅长描写太空西部人的作家,这是个坏消息,而对于我们这些当时相信黑洞的少数人,却是个好消息。如果恒星能缩小到十至二十英里的尺度,而变成中子星,人们便可以预料,其他恒星能进一步收缩而变成黑洞。

质量大约比太阳两倍还大的恒星不能稳定成为一颗白矮星或中子星。在某种情形下,该恒星可以爆炸,并抛出足够的质量,使余下的质量低于这个极限。但是总有例外。有些恒星会变得小到使它们的引力场会把光线弯折而回到恒星本身上去,不管是光线还是别的任何东西都不能逃逸出来。那么这颗恒星就已经变成一个黑洞了。

物理定律是时间对称的。如果存在能落进去东西而不能再跑出来的称作黑洞的物体,那就还应该存在能让东西跑出来而不能落进去的其他物体,人们称这类物体叫做白洞。可以猜测,一个人可在一处跳进一个黑洞,而在另一处从一个白洞跑出来,这应是早先提到长距离空间旅行的理想手段。你所需要做的一切是去寻一个邻近的黑洞。

这种形式的空间旅行初看起来是可能的。爱因斯坦的广义相对论中存在这类解,它允许人往一个黑洞落进再从一个白洞跑出来。然而,后来

---

① 立方英寸:英制体积单位,1 立方英寸约为 16.39 立方厘米。

的研究表明,所有这些解都是非常不稳定的:最为微小的扰动,譬如讲空间飞船的存在都会把这个"虫洞",或者从该黑洞到该白洞的通道消灭。该空间飞船会被无限强大的力量撕得粉碎。这正如同躲藏在大桶里从尼亚加拉瀑布漂下去一样。

事情似乎已经绝望。黑洞也许可以用来摆脱垃圾甚至人们的某些朋友。但是它们是"旅行者有去无归的国度"。然而,我到此为止所说的一切都是根据爱因斯坦的广义相对论所进行的计算,这个理论和我们迄今的一切观测都吻合得极好。但是,由于它不能和量子力学的不确定性原理合并,所以我们知道它不可能完全正确。不确定性原理是说,粒子不能同时把位置和速度都很好地定义。你把一颗粒子的位置测量得越精确,则对它的速度就测量得越不精确,反之亦然。

辐射是如何从黑洞的引力场中逃逸出来的呢?我们有好几种办法来理解。虽然它们显得非常不同,其实是完全等效的。一种方法是,不确定性原理允许粒子在短距离内旅行得比光还快,这就使得粒子和辐射能穿过事件视界从黑洞逃逸。然而,从黑洞出来的东西和落进去的东西不同,只有能量是相同的。

随着黑洞释放粒子和辐射,它将损失质量。这将使黑洞变得越来越小,并更迅速地发射粒子,最终会达到零质量并完全消失。对于那些落入黑洞的物体,还可能包括空间飞船都会发生什么呢?根据我的一些最新的研究,答案是,它们会出发到它们自身的微小的婴儿宇宙中去。一个小的自足的宇宙从我们的宇宙区域分叉开来。这个婴儿宇宙可以重新连接到我们的时空区域。如果发生这种情形的话,它在我们看来显得是另外一个黑洞形成并随后蒸发掉。落进一个黑洞的粒子会作为从另一个黑洞发射的粒子而出现,反之亦然。

这听起来似乎正是允许通过黑洞进行空间旅行所需要的。你只要驾驶你的空间飞船进入适当的黑洞,最好是相当巨大的黑洞。否则的话,在你进入黑洞之前引力就已经把你撕成意大利面条。你可望在另外一个黑洞外面重新出现,虽然你不能选择是在什么地方。

／思考／

1. 你看懂了吗? 霍金为什么说黑洞旅行是不可能的呢?

2. 霍金在文中多次对科学家的不浪漫做自我调侃,对小说家们表示抱歉,请你体会这样的语言风格,并说说你心目中的霍金是怎样的一位科学家。

／荐读／

朋友,你相信天上有"街市"吗? 你知道到底"明月几时有"吗? 你了解太阳和众多的星星离地球的距离是怎样测量出来的吗? 你听说过"岛宇宙"吗? 假如你一时找不到这些问题的答案,假如你对天文学也有兴趣,就读一读卞毓麟先生的《星星离我们有多远》吧。这本书初看起来满是公式、图形,细读起来,又有诗歌与故事,蛮有意思呢。

书　　名:星星离我们有多远
作　　者:卞毓麟
出版信息:湖北少年儿童出版社
　　　　　2009 年版

十一月（节选）^①

奥尔多·利奥波德

> **/导读/** 沙乡的十一月，怎么整个世界都竖起了耳朵，它们在听什么？是挥动斧头的声音吗？

如果我是风

风很忙，忙着在十一月的玉米地里奏乐。玉米茎哼唱着，松散的玉米棒半开玩笑地弯曲盘旋着向天空轻轻挥动，风则忙碌着继续前行。

沼泽地里，风在长满草的泥沼上刮起长长的草的波浪，击打着远处的柳树。一棵树想要抗争，舞动着光秃秃的树枝，但就是阻挡不了风。

沙洲上只有风，河流向着大海流去。沙洲上的每一束草都打着旋。我从沙洲闲逛到一根漂流下来的圆木旁，坐下来倾听宇宙中风的咆哮声，以及小小波浪拍打河岸发出的叮当声。河面上毫无生气，所有的鸭子、鹭、泽鹰和海鸥都避风而去。

我听见云层中传来一声微弱的叫声，仿佛是远处的一只狗在叫。奇怪的是，怎么整个世界都竖起了耳朵，带着疑惑倾听这个声音。声音很快变大：那是雁鸣，大雁的身影还看不见，但是它们正在飞过来。

雁群从下面的云层中飞了出来，仿若一面鸟儿组成的破烂的旗帜，一会儿下沉，一会儿上升，被风吹得忽上忽下，一会儿吹到一起，一会儿又给吹散，但总是向前飞行。风爱怜地与每一只扬起的羽翅绞缠着。当雁群在远处的空中变成模糊的一片时，我听见了最后一声雁鸣，那是夏季的熄灯号。

---

① 选自《沙乡年鉴》，彭俊译，四川文艺出版社 2015 年版。奥尔多·利奥波德（Aldo Leopold，1887—1948），美国科学家和环境保护主义者，被称作美国新保护活动的"先知""美国新环境理论的创始者"，《沙乡年鉴》是其代表作。

浮木后面现在很暖和,因为风随着雁群离开了。我也会离开的,如果我是风。

手执斧头

上帝赋予生命,上帝也剥夺生命,但是如今上帝不再是唯一握有生杀大权的主。当我们的某个远古的祖先发明了铁锹,他便成了一个赐予者:他能种树。当他发明了斧子,他便成了剥夺者:他能砍树。因此,无论是谁,只要拥有了土地,他也就取得了创造和摧毁植物的神圣职能,不管他自己有没有这个认知。

后来的祖先又发明了别的工具,但是细查之下,这些工具中的任何一种都只是最早的那两种基本工具的完善版或者辅助版。我们按职业给自己分类,每一种职业要么使用某种特定的工具,要么销售工具、修理工具和令工具更加锋利,要么就对如何达成上述目的提出建议。通过这样的劳动分工,我们就不用为不属于自己的工具的错误使用承担责任。但是有一种职业,即哲学,它知道其实所有的人都通过自己的思想和意愿在使用所有的工具,知道人们通过自己思考和希望的方式决定是否值得使用任何工具。

因为多种原因,十一月是属于斧子的月份。这时天气够暖和,打磨斧子时不会冻伤;天气又够冷,可以很舒适地伐木。硬木树上的叶子已经掉落,人们因此能看见树枝如何交织,而刚刚过去的夏日里树又是如何在成长。如果不能清晰地看见树梢,人们就不能确定必要的时候砍掉哪一棵树对土地更有利。

我读到过很多关于生态环境保护主义者的定义,我自己也给出过几个定义。但是,我怀疑最好的定义不是用笔,而是用斧子给出的。定义取决于人在砍树的时候在想什么,或者人在决定砍什么树的时候在想什么。生态环境保护主义者是这样一个人,他谦恭地意识到,他的每一击每一画都是在土地的脸上留下自己的签名。用斧子砍出的签名和用笔书写的签名当然各不相同,事实本来如此。

事后我才发现,对我手中斧子的决定后面所隐藏原因的分析很令人不安。首先我发现，并非所有的树木都是生来自由平等的。当一棵雪松和一棵红桦挤得太紧时，我天然地有一种偏见。我总是砍掉桦树，保留雪松。这又是为什么？

首先，这棵雪松是我用铁锹亲手种下的，而桦树则是自己从栅栏下面爬进来的。因此我的偏见在某种程度上代表着一种亲情。但这不是全部的原因，因为如果雪松跟桦树一样是一棵天然生长的树苗，我会认为它价值更高。因此我必须更深入地挖掘自己偏见的道理，假如真有什么道理存在。

在我所在的镇上，到处都是桦树，而且有越来越多的趋势。松树则很少见，并且越来越少。或许我的偏见是基于对弱者的同情。但是，如果我的农场在更北边，那里松树多而红桦树稀少，我又会怎么做呢？我承认，我不知道，因为我的农场在这里。

松树的寿命是一个世纪，桦树的寿命是它的一半。我是不是担心自己的签名会消失？我的邻居没有人种松树，但是他们全都种了很多的桦树。我是不是过分自傲，想拥有一个与众不同的植林地？松树整个冬天保持常绿，桦树在十月份就掉光叶子。我是不是更喜爱像我一样不惧冬季寒风的树木？松树为松鸡提供栖息之地，但是桦树提供的是食物。我是不是以为床铺比膳食更重要？每一千棵松树最终能卖到十美元，同样数量的桦树只能卖两美元。我是不是钻钱眼里去了？所有这些可能导致我的偏见的原因似乎都有点在理，但是没有一个真正够分量。

因此我再次尝试找出偏见的原因，或许这儿就有一个。在这棵松树下最终会长出蔓延的野草莓树、水晶兰、鹿衔草或者林奈花，而桦树下面最多只能指望长出一株龙胆。在这棵松树上，一只有羽冠的啄木鸟最终会啄出一个鸟巢，而在桦树上只要能看见鸟就足矣。四月的时候风会在松树上为我歌唱，与此同时桦树光秃秃的细枝只能沙沙作响。这些可能是我产生偏见的原因，也站得住脚，但这是为什么？难道松树比桦树能更深地激发我的想象和希望？果真如此，差别究竟是在树，还是在我？

我得出的唯一结论是，我喜欢所有的树，但我爱的是松树。

之前我说过，十一月是属于斧子的月份，而如同在别的恋爱关系里一样,偏见的实施也需要技巧。如果桦树处于松树的南边,而且长得更高,春天的时候它就会遮住松树的顶枝,从而阻止松树上的象鼻虫在此产卵。象鼻虫的子孙会杀死松树的顶枝,从而改变松树的形状。与象鼻虫相比,桦树的竞争对松树造成的伤害小得多。这种昆虫蹲着晒太阳的爱好,不仅决定了这个物种的延续,也决定了我的松树未来的轮廓,以及我能否成功地使用斧子和铁锹,这一点我想起来就觉得有趣。

再说了,如果我刚移植了桦树,紧接着就是干旱的夏季,更热的土壤可能会抵消移植所消除的对水的竞争,这样我的松树就不会因为我的偏见而得利。

最后,如果风起的时候,桦树的树枝会擦掉松树枝头的花蕾,松树肯定会变形,那时不管有没有别的考虑,桦树也必须砍掉。不然的话,每个冬天都必须修剪桦树的枝条,剪到松树夏天预计会长到的高度之上。

这就是手执斧子之人必须预见、比较,并依此做出决定的利与弊。他必须冷静,确保自己的偏见总体来说不仅仅是良好的意愿而已。

农场里有多少个树种,使用斧子的人就有多少种偏见。在漫长的岁月里,根据他对树种的外观和使用价值的认识,以及树种对他有利和不利的劳作的反应,执斧者给每一个树种归纳出一系列的特征,这些特征构成了树的个性。我惊奇地发现,对于同一棵树,不同的人会给出相当不同的个性特征。

因此,对我而言,山杨有着良好的声誉,因为它给十月带来了荣耀,冬季里它又给我的松鸡提供了食粮。但是,对我的一些邻居而言,山杨只是一种杂木,或许因为它就那么苗壮地发芽和生长,长在邻居的祖父辈企图清理的大量残桩上。我不能嘲笑我的邻居,因为我发现,我自己也不喜欢重新长出的榆木,因为它会对我的松树造成威胁。

除了雪松,我最喜爱的树种就是落叶松了,或许是因为它在这个镇上几近灭绝(对弱者的偏爱),或许是因为它在十月时会在松鸡身上洒下一片金色(对狩猎的偏爱),又或许是因为它增强了土壤的酸性,使得这里可以生长出果园里最可爱的、艳丽的兜兰。但是林务官却不这么认为,他们把落叶松逐出了小镇,因为它生长得太缓慢,无法带来多种效益。为了最终解决这个争端，林务官们还进一步提到，落叶松会周期性地感染叶蜂流行病。但是我的落叶松距感染期还有五十年，所以我打算让我的孙子辈去操心这个问题。眼下，我的落叶松长势喜人，我的兴致也随之高涨，直冲霄汉。

对我来说一棵古老的棉白杨是树中的伟人，因为年轻的时候它为野牛遮阴，树上停驻了很多鸽子，看上去像是戴上了一个光环。我喜欢年轻的棉白杨，因为终有一天它会变得古老。但是农场主的妻子（以及受她影响的农场主）看不起所有的棉白杨，因为六月的时候雌树的棉絮会堵塞他们的纱窗，而现代的信条却是不计一切代价追求舒适。

我发现我的偏见比邻居们多了太多，因为我对许多物种都有着个人的喜好，这些物种全都归于无足轻重的一类，即灌木类。我之所以喜欢卫矛，部分是因为鹿、兔子和田鼠渴望啃噬它厚实的嫩枝和绿色的树皮，部分是因为在十一月的雪地里，卫矛水红色的浆果会发出温暖的光芒。我喜欢红色的山茱萸，因为它为十月的知更鸟提供了粮食。我喜欢花椒，因为我的鸟鹩每天在它的刺丛下晒日光浴。我喜欢榛树，因为十月份它呈紫色，很是养眼，还因为十一月它的柔荑花喂食了我的鹿和松鸡。我喜欢南蛇藤，因为我的父亲喜欢它，还因为每年的 7 月 1 日，鹿突然开始吃它的新叶，我则学会了向我的客人预言这一事件。这种能让我年年从区区一个教授荣升先知和预言家的植物，我怎么可能不喜欢呢。

很明显，我们对植物的偏好部分地受传统的影响。如果你的祖父喜欢山胡桃，你也会喜欢山胡桃树，因为你的父亲叫你喜欢它。反过来，如果你的祖父烧毁缠有毒葛藤的木头的同时还能毫不在乎地站在浓烟里，你也会讨厌这种植物，哪怕每年秋天它都不会用自己的深红温暖着你的双眼。

同样显而易见的是，我们对植物的偏好不仅是我们职业的反映，也是我们业余爱好的反映。其中优先权的分配很微妙，就如它在勤奋和懒惰之间的分配一样。宁愿猎松鸡也不愿挤牛奶的农场主不会不喜欢山楂树，这与山楂树是否侵入牧场无关。猎浣熊的人不会不喜欢椴木。我还知道猎鹌鹑的人不会忌恨豚草，哪怕他们每年都会花粉过敏。我们的偏好其实是一个敏感的索引,它反映了我们的感情、品味、忠诚、慷慨,以及我们虚度周末的方式。

即使如此,我也满足于十一月的时候,手握斧子,虚度自己的周末时光。

/ 思考 /

1. 作为生态保护者的作者,对于"手执斧子"这样的事情,究竟是如何看待的呢?

2. "玉米茎哼唱""玉米棒开玩笑""昆虫蹲着晒太阳"……这样生动的语言,本文中还有很多,找出来,体会它们的意趣。

/ 荐读 /

奥尔多·利奥波德是美国著名生态学家,环境保护的先驱,被誉为"生态伦理之父"。他用科学家的眼睛深情地凝视沙乡农场一年四季的变化,他抬头仰望天空,侧耳倾听雁鸣,循着泥土的气息寻获一朵白头翁花……他用散文家的笔触把这些都记录下来,就是想告诉人们:一个事物,只有在它有助于保持生物共同体的和谐、稳定和美丽的时候,才是正确的;否则,它就是错误的。这就是《沙乡年鉴》。

书　　名:沙乡年鉴
作　　者:[美]奥尔多·利奥波德
译　　者:彭俊
出版信息:四川文艺出版社 2015年版

我与梭罗①

苇 岸

/导读/ 偶然地读到了《瓦尔登湖》，我幸福地感到，我对梭罗的文字仿佛具有一种血缘性的亲和和呼应。

　　梭罗的名字，是与他的《瓦尔登湖》联系在一起的。我第一次听说这本书，是在一九八六年冬天。当时诗人海子告诉我，他一九八六年读的最好的书是《瓦尔登湖》。在此之前我对梭罗和《瓦尔登湖》还一无所知。书是海子从他执教的中国政法大学图书馆借的，上海译文出版社一九八二年的版本，译者为徐迟先生。我向他借来，读了两遍（我记载的阅读时间是一九八六年十二月二十五日至一九八七年二月十六日），并作了近万字的摘记，这能说明我当时对它的喜爱程度。

　　后来我一直注意在书店寻找这本书。现在我手里已经有五种中文版本的《瓦尔登湖》了，它们出自国内的三家出版社（此外我还有一册友人赠予的纽约麦克米伦出版公司一九六二年的英文版本）。我在一封致友人的信中说："梭罗近两年在中国仿佛忽然复活了，《瓦尔登湖》一出再出，且在各地学人书店持续荣登畅销书籍排行榜，大约鲜有任何一位十九世纪的小说家或诗人的著作出现过这种情况，显现了梭罗的超时代意义和散文作为一种文体应有的力量。"

　　《瓦尔登湖》是我唯一从版本上多重收藏的书籍，以纪念这部瑰伟的富于思想的散文著作对我的写作和人生的"奠基"意义。我的"文学生涯"是从诗歌开始的。《瓦尔登湖》的出现，结束了我的一个自大学起持续了七八年

----

　　① 选自《大地上的事情》（有删节），广西师范大学出版社 2014 年版。苇岸（1960—1999），原名马建国，诗人、散文作家，著有《大地上的事情》《太阳升起以后》等。

的阅读兴趣和写作方向主要围绕诗歌进行的时期。我曾在自述《一个人的道路》中写道:"最终导致我从诗歌转向散文的,是梭罗的《瓦尔登湖》。当我初读这本举世无双的书时,我幸福地感到,我对它的喜爱超过了任何诗歌。"导致这种写作文体转变的,看起来是偶然的——由于读到了一本书,实际蕴含了一种必然:我对梭罗的文字仿佛具有一种血缘性的亲和和呼应。换句话说,在我过去的全部阅读中,我还从未发现一个在文字方式上(当然不仅仅是文字方式)令我格外激动和完全认同的作家,今天他终于出现了。下面的对比也许更能说明这一变化的内在根据:

"我们常常忘掉,太阳照在我们耕作过的田地和照在草原与森林上一样,是不分轩轾的。它们都反射并吸收了它的光线,前者只是它每天眺望的图画中的一部分。在它看来,大地都给耕作得像花园一样。因此我们接受它的光与热,同时也应接受它的信任与大度……"

秋天是结实的季节
生命的引导者
接纳一切满载之船的港湾

北方,鸟在聚合
自然做着它的大循环

所有结着籽粒的植物
都把充实的头垂向大地
它们的表情静穆、安详
和人类做成大事情时一样

太阳在收起它的光芒
它像即将上路的远行者
开始打点行装
它所携带的最宝贵的财富

是它三个季节里的阅历

　　前者是《瓦尔登湖》中"种豆"一章的文字,后者是我那时写的一首名为《结实》的诗。我的诗显然具有平阔的"散文"倾向,梭罗的散文也并未丧失峻美的"诗意",而我更倾心梭罗这种自由、信意,像土地一样朴素开放的文字方式。总之在我这里诗歌被征服了:梭罗使我"皈依"了散文。后来我愈加相信,在写作上与其说作家选择了文体,不如说文体选择了作家。一个作家选择哪种文学方式确立他与世界的关系,主要的还不取决于他的天赋和意愿,更多的是与血液、秉性、信念、精神等等因素相关(中外文学的经验大体可以证实这点)。

　　对于本质上作为一个物种的人类来讲,他已经历了一次脱离有机世界进入无机世界的巨大转折。当人类的制造异于自然并最终不能溶入自然的循环而积累在自己身边时,他就置身于无机世界之中了。我在一则《大地上的事情》里这样写过:"有一天人类将回顾他在大地上生存失败的开端,他将发现是一七一二年,那一年瓦特的前驱,一个名叫托马斯·纽科门的英格兰人,尝试为这个世界发明了第一台原始蒸汽机。"仿佛与这一转折相应,在精神领域,人类的文字表述也呈现了一个从"有机"蜕变为"无机",愈来愈趋向抽象、思辨、晦涩、空洞的过程。正如梭罗讲的:"那个时期所有杰出的作家都比较现代的作家更加朝气蓬勃、质朴自然,当我们在一现代作家的著作中读到那个时期某一作家的一句语录时,我们仿佛蓦地发现一片更加葱绿的田地,发现土壤更大的深度和力量。这就好比一根绿色树枝横在书页上,我们像在仲冬或早春看到青草一般心神舒畅。"的确,在现代作家(广义)的著作中,我们能够读到诸如"城邦丧失了青年,有如一年中缺少了春天","美德如江河流逝,但那道德高尚的人本色不变"这样富于生命气息,仿佛草木生长、河水奔流时写成的词句吗?在视明朗为浅薄、朴素为低能的现代文风中,具有"能以适当的比例将自己的意义分别给予仓促草率的读者和深思熟虑的读者。对于务实的人,它们是常识;对于聪明的人,它们是智慧。正如一条水量充沛的河流,一位旅行家用它的水湿润嘴唇,一支军队用它的水装满自己所有的水桶"

(梭罗语)特征的伟大著述消失了,文学和学术已经自我深奥与封闭起来。

梭罗的文字是"有机"的,这是我喜爱他的著作的原因之一。我说的文字的"有机",主要是指在这样的著述中,文字本身仿佛是活的,富于质感和血温,思想不是直陈而是借助与之对应的自然事物进行表述(以利于更多的人理解和接受),体现了精神世界人与万物原初的和谐统一。这是古典著作(无论文学还是哲学)的不朽特征,梭罗继承了这一源远流长的伟大传统:"正如平原的不平坦被距离所掩盖,突兀的一个个时代和断层在历史中被抚平。""月亮再也不反照白昼,而是按她的绝对规律升起;农民和猎人把她公认为他们的女主人。""一本书里的简朴几乎同一所住宅内的简朴一样是个了不起的优点,如果读者愿意居住其中。"……梭罗的这种比比皆是的语句,使他的行文新鲜、生动、瑰美、智巧,整部著作魅力无穷。

我称梭罗是一个复合型作家:非概念化、体系化的思想家(他是自视为哲学家的);优美的、睿智的散文作家;富于同情心、广学的博物学家(梭罗的生物知识特别是植物知识是惊人的,他采集并收藏了数百枚植物标本);乐观的、手巧的旅行家;自称的"劣等诗人"。梭罗一八一七年七月十二日生于马萨诸塞州一个名叫康科德的小镇。康科德的著名首先由于它与其近邻列克星敦同是美国独立战争的始发地,梭罗为此感到骄傲,因为自己生于"全世界最可敬的地点之一"。在后来定居康科德的超验主义团体成员中,梭罗是唯一土生土长的人。霍桑曾形容梭罗是个"带着大部分原始天性的年轻人……总带有点粗俗的乡村野气"。梭罗实际是受过系统教育的,从康科德中心学校、私立康科德学院,直到哈佛大学。一八四七年,三十岁的梭罗在接受他的哈佛班级十周年纪念问卷调查时写道:"我是个校长、家庭教师、测绘员、园丁、农夫、漆工、木匠、苦力、铅笔制造商(梭罗六岁时,其父接管了妻弟的铅笔制造生意。在铅笔制造上梭罗是可以申请专利的,是他从苏格兰百科全书中得到启发,用巴伐利亚黏土混合石墨,生产出更精细的石墨粉,改进了铅笔芯的质量,并设计出钻机,使铅芯可以直接插入铅笔,而无需切开木条,还制定了铅硬度的等级划分)、玻璃纸制造商、作家,有时还是个劣等诗人。"这已大体概括了他一生从事过的工作。梭罗的这种智识与体能尚未分离的本领,再次印证了古代希腊的泰勒斯曾向世界表示的:"只要哲学家们愿意,就很容易发财致富,但是他们的雄心却是属于另外的一种。"

谈论梭罗,不能不提到曾给过他巨大影响和帮助,被誉为"使我们万众一心"的"康科德精神"的爱默生(爱默生曾为康科德写过赞歌)。一八三五年,三十二岁的爱默生花三千五百美元在康科德买下一幢房子,正式从波士顿迁到这个小镇,此时的梭罗尚是一名哈佛大学三年级的学生。一八三七年,已在康科德中心学校任教但因被校方责令鞭打六名学生一事而辞去教职的梭罗,加入了爱默生组织的"新英格兰超验主义俱乐部",他们的伟大友谊从此开始了。一八四一年,梭罗关闭接管了两年的康科德学院,失去工作的梭罗应爱默生邀请住进他家,做了一名园丁。两年的与爱默生密切接触及他的大量藏书,使梭罗在此奠定了确立自己基本思想和信念的基础(梭罗与爱默生的特殊关系,使善于寻找任何角度刻薄说话的批评家曾讥他"不过是爱默生的影子罢了",但梭罗依然是梭罗。后来他们相对疏远的原因之一,是梭罗对自己渐长的名气和声望给爱默生带来的影响有了顾虑)。

关于梭罗与爱默生的关系,我更愿意相信他们在心灵上、思想上存在一种先天的契合和呼应。爱默生在他的讲演录《美国学者》中阐述过这样一个基本思想,即在分裂的或者说是在社会的现状下,人已经丧失了自己的完整性,所谓"人"只是部分地存在于所有的个人之中,各人站在社会派给他的岗位上,每一个人都像是从身上锯下来的一段肢体——一个手指、一个颈项、一个胃,但不是一个完整的人:栽种植物的人很少感觉到他的职务的真正尊严,他只看见他量谷子的箩筐与大车,此外一无所视,于是就降为一个农民(而不是"人"在农场上);商人从不认为他的生意也有一种理想的价值,灵魂只为金钱所奴役;律师成了一本法典;机师成了一架机器;水手成了一根绳子……爱默生的关于"人"的理想是,每个人若要完整地掌握自己,就必须时时从他自己的"岗位"回来,拥抱一切。梭罗则说:"人类已经成为他们的工具的工具了,饥饿了就采果实吃的人已变成一个农夫,树荫下歇力的人已变成一个管家。最杰出的艺术作品都表现着人类怎样从这种情形中挣扎出来,解放自己。"从梭罗回答哈佛大学的问卷中所述,我们可以看出,梭罗的一生便是有意体现这一"人"的理想、"解放自己"的一生(爱默生在日记里曾诙谐地写道:"梭罗的个性中缺少点雄心壮志……他不当美国工程师的领袖而去当采黑果队的队长。"梭罗这种"不争第一"的人生姿态与那个时代业已开始的以竞争为机制和本质的现代社会显然背道而驰,而我确信这一机制和本质正是"人类在大地上生存失败"的根本原因)。

梭罗在《瓦尔登湖》中曾这样说明自己:"我在我内心发现,我有一种追求更高的生活,或者说探索精神生活的本能,但我另外还有一种追求原始的行列和野性生活的本能。"梭罗的这种源于生命的非实用主义或反物质文明倾向,以及他的审美地看待世界的目光、诗意的生活态度,早在哈佛大学的毕业论文中就有所表露:"我们居住的这个充满新奇的世界与其说是与人便利,不如说是令人叹绝,它的动人之处远多于它的实用之处;人们应当欣赏它,赞美它,而不是去使用它。"梭罗上述自我表白和说法,可以有助于我们认识和理解他的"否定了一切正常的谋生之道,趋向于在文明人中过一种不为生计做任何有规则的努力的印第安人式生活"(霍桑语)的非凡一生(为梭罗这种人生提供保障的,是他自己宣称的"我最大的本领是需要很少"。我想如果梭罗与现代环境保护主义有关,也主要在于他这种自觉降低消费的生活态度)。自一八三九年二十二岁的梭罗与其胞兄约翰乘自造的"马斯克特奎德号"船在康科德与梅里马克河上航行一周起,旅行便几乎成了他生活的核心。而瓦尔登湖,由于梭罗在湖畔的居住及他的以之命名的不朽著作,则已是梭罗的象征。一八六二年五月六日,梭罗因肺结核在康科德不幸病逝,时年四十五岁。在梭罗的葬礼上,痛致悼词的爱默生满怀深情地说道:"这个国家还不知道,或者仅有极个别人知道,她已失去了一个多么伟大的儿子。"

梭罗是难以谈尽的。自一八七三年梭罗的生前好友钱宁率先为其写传以来,关于梭罗的传记和著述已数不胜数。这两年由于《瓦尔登湖》在国内的频繁出版,谈论梭罗的文章(或颂扬或贬损)亦不时出现。对此,我在前面提到的那封信中曾表述了这样的看法:"……人们谈论梭罗的时候,大多简单地把他归为只是个倡导(并自己试行了两年,且被讥为并不彻底)返归自然的作家,其实这并未准确或全面地把握梭罗。梭罗的本质主要的还不在其对'返归自然'的倡导,而在其对'人的完整性'的崇尚。梭罗到瓦尔登湖去,并非想去做永久'返归自然'的隐士,而仅是他崇尚'人的完整性'的表现之一。对'人的完整性'的崇尚,也非机械地不囿于某一岗位和职业,本质还在一个人对待外界的态度:是否为了一个'目的'或'目标',而漠视和牺牲其他(这是我喜欢梭罗——而不是陶渊明——的最大原因)。"当我们了解了梭罗在他的"漫游与著述"生涯中,并没有无视美国当时的奴隶制,并与之进行了不懈的斗争(多次撰文;为此拒绝纳税而不惜坐牢;在家中收容逃亡的奴隶,帮助他们逃往加拿大;组织营救被捕的废奴主义领袖约翰·布朗;以及同情并帮助印第安人)等事后,我们便会认同当年他接管过的康科德学院学生对他的评价:他是一个"富有爱心的人"。

一九九八年五月

/ 思考 /

1. 梭罗与陶渊明的"返归自然"不同在哪里?

2. 作者说梭罗的文字是"有机"的,你能理解"有机"的内涵吗? 建议你阅读《瓦尔登湖》,进一步感受梭罗的文字。

/ 荐读 /

苇岸自称是"为了这个星球的现在与未来自觉地尽可能减少消费的人"。由于诗人海子的推荐,他遇见了《瓦尔登湖》,不久他便开始书写他所理解的自然。在这本《大地上的事情》里,苇岸会讲述自然的神秘语言,会向你吐露虫草花鸟们的秘密,让你相信,即便是最荒凉的地方也有善与美生生不息。

书　　名:大地上的事情
作　　者:苇岸
出版信息:广西师范大学出版社 2014 年版

《二十四节气志》序言①

宋英杰

/导读/ 二十四节气以及由此衍生的各种智识和习俗(包括其中的正见与误读、大智慧与小妙用)乃是历史进程中天人和合理念的集大成者。

二十四节气,是中国古人通过观察太阳周年运动,认知一年之中时节、气候、物候的规律及变化所形成的知识体系和应用模式。以时节为经,以农桑与风土为纬,建构了中国人的生活韵律之美。

我们感知时节规律的轨迹,很可能是从"立竿见影"开始的。从日影的变化,洞察太阳的"步履",然后应和它的节拍。我特别喜欢老舍先生在其散文《小病》中的一段话:

生活是种律动,须有光有影,有左有右,有晴有雨,滋味就含在这变而不猛的曲折里。

我们希望天气、气候是变而不猛的曲折,我们内心记录生活律动的方式,便是二十四节气。对于中国人而言,节气,几乎是历法之外的历法,是岁时生活的句读和标点。

孔子说:"四时行焉,百物生焉,天何言哉?"季节更迭,天气变化,草木枯荣,虫儿"坯户"又"启户",鸟儿飞去又飞来,天可曾说过什么吗?天什

---

① 选自《二十四节气志》(有删节),中信出版社 2017 年版。宋英杰,中央电视台天气预报节目主持人。

么也没有说，一切似乎只是一种固化的往复。这，便是气候。但天气时常并不尊重气候，不按常理出牌。按照网友的话说，不是循环播放，而是随机播放。超出预期值和承载力，于是为患。

农耕社会，人们早已意识到，"风雨不节则饥"。中国人对于气候的最高理想，便是"风调雨顺"。无数祭祷，几多拜谢，无非是希望一切都能够顺候应时。就连给孩童的《声律启蒙》中，都有"几阵秋风能应候，一犁春雨甚知时"。

我们现在几乎挂在嘴边的两个词，一是平常，二是时候。时候，可以理解为应时之候。就是该暖时暖，该冷时冷，该雨时雨，该晴时晴，在时间上遵循规律。平常，可以理解为平于往常。所谓常，便是一个定数，可视为气候平均值。雨量之多寡，天气之寒燠，一如往常。不要挑战极致，不要过于偏离气候平均值，在气象要素上遵循规律。

明代《帝京岁时纪胜》中评述道：

> 都门天时极正：三伏暑热，三九严寒，冷暖之宜，毫发不爽。
> 盖为帝京得天地之正气也。

只要冷暖有常，便被视为"正气"。

我们自古看待气候的价值观，简而言之，便是一颗平常心，希望气候持守"平常"的愿望。所谓"守常"，即是我们对于气候的期许。

什么是好天气？只要不太晚、不太早，别太多、别太少，就是好天气。如果再温和一些，像董仲舒在其《雨雹对》中所言，那就更好了：

> 太平之世，五日一风，十日一雨。风不鸣条，开甲散萌而已；
> 雨不破块，润叶津茎而已。

中国之节气，始于先秦，先有冬至(日南至)、夏至(日北至)以及春分、秋分（昼夜平分），再有立春、立夏、立秋、立冬。

二至二分是最"资深"的节气，也是等分季节的节气。只是后来以始冻和解冻为标志的立冬、立春，以南风起和凉风至为标志的立夏、立秋，逐渐问世并成为表征季节的节气。它们一并成为节气之中最初的"八大金刚"。它们之所以最早，或许是因为表象清晰，是易感、易查验的节气。

到西汉时期，节气的数目、称谓、次序已基本定型。在那个久远的年代，便以天文审度气象，以物候界定气候。按照物候的迁变，齐家治国，存养行止。

农桑国度，人们细致地揣摩着天地之性情，观察天之正气，地之惩伏，因之而稼穑；恭谨地礼天敬地，顺候应时，正所谓"跟着节气过日子"。

《尚书》中的一段话说得很达观：

> 雨以润物，旸以干物，暖以长物，寒以成物，风以动物。五者各以其时，所以为众验。

每一种天气气候现象有其机理和规律，也自有其益处所在。《吕氏春秋》说得至为透彻：

> 天生阴阳、寒著、燥湿，四时之化，万物之变，莫不为利，莫不为害。圣人察阴阳之宜，辨万物之利以便生。

人们早已懂得天气气候，可以为利，可能为害，关键是找寻规律，在避害的基础上，能够趋利。而季风气候，干湿冷暖的节奏鲜明，变率显著。基于气候的农时农事，需要精准地把握，敏锐地因应，所以作为以时为秩的二十四节气在这片土地上诞生并传续，也就是顺理成章的事情了。

在甲骨文关于天气占卜的文字中，有叙、命、占、验四个环节：叙，介绍背景；命，提出问题；占，做出预测；验，检验结果。其中，验，最能体现科学精神。在科学能力欠缺的时代，已见科学精神的萌芽。在诸子百家时代，人们便以哲学思辨、文学描述的方式记录和分析天气气候的表象与原由。

唐太宗时代的"气象台台长"李淳风在其《乙巳占》里便绘有占风图。

一级动叶，二级鸣条，三级摇枝，四级坠叶，五级折小枝，六级折大枝，七级折木，八级拔大树和根。这是世界上最早的风力等级，比目前国际通行的蒲福风力法（Beaufort scale）早了1100多年。两种方式的差别在于，李淳风风力法是以"树木"划定风力，而蒲福风力法是以"数目"划定风力。一个借助物象，一个借助数据。

当然，我们的先人在观察和记载气象的过程中，至少存在三类难以与现代科学接轨的习惯。

第一，不量化。杜甫可以"黛色参天二千尺"，李白可以"飞流直下三千尺"，但气象记录应当秉持精确和量化的方式。气温多少度，气压多少百帕，降水多少毫米，我们未曾建立相应的概念或通行的标准。不仅"岁时记"之类的文字如此，"灾异志"之类的文字亦如此。"死伤无算""毁禾无数"，是古代灾情记录中"出镜率"最高的词组。

第二，不系统。以现代科学来看，天气气候的观测，不仅要定量，还要定点、定时。但古时正史中的气象记录，往往发生极端性的灾或小概率的"异"才进行记录，连续型变量就变成了离散型变量。研究天气表象背后的规律，便遗失了无数的原始依据。单说降水这一要素，汉代便要求"自立春，至立夏，尽立秋，郡国上雨泽"。但直到清雍正年间才有"所属境内无论远近，一有雨泽即行奏闻"的制度常态化。

为什么天气气候的记录不够系统和连贯呢？因为人们往往是将不合时令的寒暑旱涝视为帝王将相失政的"天戒"，所以只着力将各种灾异写入官修的史书之中，既为了占验吉凶，更为了警示君臣。

第三，不因果。我们往往不是由因到果，而是常用一种现象预兆另一种现象，没有以学科的方式触及气象的本质。并且以"天人感应"的思维，想象天象与人事之间的关联，穿凿附会地解读"祥瑞"、分析异常。

但以物候表征气候，本着"巢居者知风、穴居者知雨、草木知节令"的思维，"我"虽懵懂，但可以从生态中提取生物本能，以发散和跳跃的思维，善于在生物圈中集思广益、博采众长，体现着一种借用和替代的大智慧。并且最接地气的农人，以他们直观的识见，基于节气梳理出大量的气象谚语，用以预测天气，预估丰歉，使得节气文化之遗存变得更加丰厚。

应当说，在二十四节气基础上提炼出的七十二候物语，依然"未完待续"。因为它原本记录和浓缩的是两千年前中原地区各个时令的物候特征，后世并未进行精细的"本地化"，并且随着气候变化，物候的年代差异也非常显著。

20世纪70年代，"立夏到小满，种啥都不晚"的地区，进入21世纪前10年，已是"谷雨到立夏，种啥都不怕"。从前"喝了白露水，蚊子闭了嘴"的谚语，现在的蚊子都不大遵守了。所以七十二候物语，无法作为各地、各年代皆适用的通例。

基于叶笃正院士提出的构想，中国科学院大气物理研究所钱诚等学者进行了运算和分析。在气候变化的背景下，节气"代言"的气候与物候都在悄然发生变化。所以，人们会感觉春天的节气在提前，秋天的节气在延后，夏季在扩张，冬季被压缩。每一个节气的气温都已"水涨船高"。

以平均气温－3.51℃作为"大寒天"的门槛，以23.59℃作为"大暑天"的门槛，1998—2007年与20世纪60年代进行对比："大寒天"减少了56.8％，"大暑天"增加了81.4％，不到半个世纪，寒暑剧变。

以平均气温来衡量，提前趋势最显著的三个节气是雨水、惊蛰、夏至，延后趋势最显著的三个节气是大雪、秋分、寒露。以增温幅度而论，春季第一,冬季第二。"又是一年春来早",已然成为新常态。

不过,我们传承和弘扬二十四节气,不正需要不断地丰富它,不断地完善它吗? 让后人看到,我们这个时代并不是仅仅抄录了古人关于二十四节气的词句。

对于节气,我们下意识地怀有"先贤崇拜"的情结。北宋科学家沈括曾评议道:"先圣王所遗,固不当议,然事固有古人所未至而俟后世者。"总有古人未曾穷尽的思维和认知吧? "时已谓之春矣,而犹行肃杀之政。"不能是仅仅拘泥于古时的历法,季节已被称为春天,而人们依然生活在万物萧条的时令之中。

天气虽然常常以纷繁的表象示人,但人们智慧地透过无数杂乱的情节归结某种规律性,即"天行有常"。这个天行之常往往也是脆弱的,并非总是简单地如约再现。于是,人们一方面要不断地萃取对于规律性更丰富的认知,即读懂属于自己的气候;另一方面,还要揣摩无常天气体现出的气候变率。然后,以各种假说的方式提炼出导致灾异的原因并择取最适用的规避方式。

二十四节气以及由此衍生的各种智识和习俗(包括其中的正见与误读、大智慧与小妙用)乃是历史进程中天人和合理念的集大成者。渐渐地,它们化为与我们若即若离的潜意识,或许早已嵌入我们的基因之中,常在我们不自知的情况下,润泽着我们对于万千气象的体验。

我常常感慨古代的岁时典籍浩如烟海,在图书馆中常有时光苦短之感,难以饱读。所以,也只能不问"归期",一本一本地啃,一点一点地悟。如胡适先生所言:"进一寸有进一寸的欢喜。"品读古人关于节气的文字,品味今人以节气为时序的生活,对于我来说,就是诗和远方。

2016 年岁末

/ **思考** /

1. 二十四节气既是科学,也是文化。读完这篇序言,你是否对这一观点有了更深的认识？

2. 先人对于气象的观察、记载与现代科学有哪些不同的地方？

/ 荐读 /

宋英杰，中央电视台天气预报节目主持人，被称作"中国气象先生"。他凭借多年的专业积累和深厚的知识功底，从气象大数据的角度，为我们解读二十四节气的古、今、文、理。"为什么熬过了冬天，差点儿冻死在春天？""大暑、小暑谁更热？""中国的高温王到底归谁？"……如果你对这些问题感兴趣的话，建议你读一读这本《二十四节气志》。

书　　名：二十四节气志
作　　者：宋英杰
出版信息：中信出版社 2017年版

春绿中的秋红（节选）[①]

何　频

/导读/ "离离原上草，一岁一枯荣。"踏着草木如歌行板般点点泛青呈绿的节奏，春天登场了。这是大自然独特的预告方式，值得人们投以温暖的目光。

2月5日　庚辰年农历正月初一

早上大雾弥漫，天地浑古，如此气象，最宜中华春节。

中午到西郊亲戚家吃饭，棉纺路去年春节时辛夷树已开花，今年则无动静。

2月6日　正月初二

墙角和大树周围多生新草，一窝窝结缕草在路边尘埃枯草下冒出蓝绿。

2月7日　正月初三

特地绕农科院后面大块试验田步行归来，白杨蕾头膨大，青杨参差尖芽。这一块市区还唯一保留着的农田里，麦苗青绿已满垄。

2月8日　正月初四

小弟买《冒鹤亭先生年谱》和俞樾《茶香室丛钞》四本。丛钞卷十二有

[①]　选自《看草》，河南文艺出版社2008年版，有删节。何频，本名赵和平，散文作家，著有《杂花生树：寻访古代草木圣贤》《看草》《见花》等。

"花信风"一则：

> 花信风之说，词章家竟用之，但云始于梅花，终于楝花，然莫能言其详也。其详见于宋王逵《蠡海集》，今备录之，其说曰：自小寒至谷雨，凡四月、八气、二十四候。每候五日，以一花之风信应之。小寒：一候梅花，二候山茶，三候水仙。大寒：一候瑞香，二候兰花，三候山矾。立春：一候迎春，二候樱桃，三候望春。雨水：一候菜花，二候杏花，三候李花。惊蛰：一候桃花，二候棣棠，三候蔷薇。春分：一候海棠，二候梨花，三候木兰。清明：一候桐花，二候麦花，三候柳花。谷雨：一候牡丹，二候酴醾，三候楝花。

花信风，即风报花的消息。俞樾为有清一代大家，但顺手记录学术之竹头木屑，亦有舛误。竺可桢、宛敏渭合著《物候学》，其中说《蠡海集》的作者是明初杭州人。竺氏考证"花信风"来历如下：

> "二十四番花信风"，南宋程大昌《演繁露》曾略提及，明杨慎《丹铅录》引梁元帝之说疑系伪托，唯明初钱塘王逵的《蠡海集》所列最有条理。后来焦竑的《焦氏笔乘》当即据此采入，叙述较为简明。

竺可桢二人的著作还指出："物候学和气候学可说是姊妹行，所不同的，气候学是观测和记录一个地方的冷暖晴雨，风云变化，而推求其原因和趋向；物候学则是记录一年中植物的生长荣枯、动物的来往生育，从而了解气候变化和它对动、植物的影响。"

2月9日　正月初五

早上北环外诸村庄又起连环鞭炮声。

青杨和速生杨斜竖的枝头，树芽尖锐锋利似螃蟹在伸脚；苦楝树落枝的疤眼处凸起疣状的小疙瘩，于野生未发杈的小树干上看得更清楚。

2月10日　正月初六

楼下,红叶李点点小褐芽尖似洇红,樱花树牙签状的蕾粒拉长变光滑,文化路夹道大法桐犹多残叶。此处悬铃木干叶赖着不掉,枯淡无色,越来越丑,如破布片、乱头屑,望之和初夏、深秋、浅冬日简直不可同日而语。

2月11日　正月初七

二兄从广州返来看母亲,说南粤的木棉树正开红花。叶灵凤在抄录屈大均咏木棉的诗句之后,又这么写来:

> 木棉花尚有一点值得一提的:它开在树上的时候花瓣向上,花托花蕊比花瓣重,因此从树上落下的时候,在空中仍保持原状,这时六出的花瓣却成了螺旋桨,一路旋转而下,然后"啪"的一声堕到地上。春日偷闲,站在树旁欣赏大红的落花从半空旋转而下,实在也是浮生一件乐事。(《英雄树木棉》)

如此行文,有声有色,完全不让古人的绝句。

2月12日　正月初八

窗外的毛白杨,一树鳞芽如绕群蜂。

2月13日　正月初九

读汪曾祺《葡萄月令》:

> 二月里刮春风。
> 立春后,要刮四十八天"摆条风"。风摆动树的枝条,树醒了,忙忙地把汁液送到全身。树枝软了。树绿了。
> 雪化了,土地是黑的。

黑色的土地里,长出了茵陈蒿。碧绿。

葡萄出窖。

把葡萄窖一锹一锹挖开。挖下的土,堆在四面。葡萄藤露
出来了,乌黑的。有的梢头已经绽开了芽苞,吐出指甲大的苍白
的小叶。它已经等不及了。

这一段以葡萄为标本记物候,广义说二月,我揣摩那葡萄枝出土的时
间当在月末。我家北窗外,只有建楼时有爱树人依墙角植了葡萄一株,孤
零零的。中原庭院中的葡萄树寒冬无遮盖,这时它细如爬墙虎的枯枝条,
毛糙得略显赭石红,轻轻折一下就断了,像烧火用的干柴枝。但是,那一
节连着一节的叶疤凹陷的边缘,却清楚地凸萌蕾头如刺瘊,并且裹了细茸
茸的一层白毫。

2月14日　正月初十

门口泡桐的串蕾松散伸展,一枝一层,仿佛是丰子恺简笔画里的节日
礼花。

真奇怪,春来秋红犹存。河畔一株半人高的海桐棵,嫩梢甩掉僵硬,
伸长了脖子,对称有两撮竟然似抹了大片的鸡血红!

2月15日　正月十一

立交桥头与小叶杨老树枝梢打平,发现其丛枝上尖尖鳞芽膨松发青
黄,椿树的子絮似无柄烂拖把乱搭枝头。

2月17日　正月十三

入夜和小弟过北环散步,青湛湛的天空上有几颗大星星似金钉。驻
足静观,越看越多,终没有大别山里可见银河璀璨。

2月18日　正月十四

冰河开冻已五日,客厅中的比利时杜鹃开花犹盛,阳台景天草迸开一

二粒四瓣小花。

梧桐的小枝头紫茸茸的,与白蜡的新蕾同色。

2月19日　正月十五

今日龙年元宵节,适逢雨水节。

天阴,早上到电视台后面的一处新楼院里看草。大门口枯干的老蒿下面多冒绿芽,脚步急了不容易看见。院中一大片干褐的小药菊,宿根也暗暗滋生簇连的新叶。草坪未修剪,乱如枯草,其中几窝结缕草大变青绿。还有麦衣草和大蓟已在外楼的夹缝中伸腰长高,一棵上海青呆头呆脑地独生在墙脚下,肥绿的叶片中间抽薹有小黄花。

2月20日　正月十六

院里去年新播的草坪,眼前已泛新绿;东风渠河道里野草远望也连片黑青。

天变暖。夜月,金明圆大。

2月21日　正月十七

绿草纷生,百卉萌动。中午走河畔,遇老两口在暖日下采面条棵和荠菜。荠菜还未大变青绿,有的已抽莛开花。老妪说荠菜有花叶和圆叶两种。

2月22日　正月十八

乍暖犹寒时节,天气阴晴不定。柳树受春寒逼勒,树芽鼓而不发。

2月23日　正月十九

池水变绿。河畔石楠树的碧叶冬冻之后犹显疲软,红芽在树梢似蚕蛹抬头,鳞片披张显青绿。火棘树还多红子。

2月24日　正月二十

除墙脚缝隙处多生春草,临流水处草团更大更绿。

一岁草木复生,草在树先。

2月25日 正月二十一

立春过后,起第一场大风。

昨夜落雨。早晨雾岚白浓,红日如红橘浮起。

柳线重叠青青,但柳芽拖着仍不开眼。金银木发芽了,丁香、连翘芽苞未绽,红叶李也无动静。

2月26日 正月二十二

起早,写《二月花儿菜》。

2月27日 正月二十三

早上过北环看草木萌动,夹道小叶杨和青杨树的芽尖都变褐红,这是生叶的前兆。

群生的野楝树长得青壮,大的如毛竹,小的如甜竹和筲竹。虽然枯树无叶,但笔直爽利见风骨,远比乱糟糟的苹果和桃树长得俊逸漂亮。

2月28日 正月二十四

岸柳开眼泛鹅黄,幼芽粒粒如糯米麦仁。

"春在溪头荠菜花。"叶灵凤在《南京的野菜》又引:"三月三,荠菜赛灵丹。"事实上,正月下旬处处荠苗已纷纷开花,三月再食,岂不成了杂草?

2月29日 正月二十五

月末写看草小结。

雨水一过,地下春气似绿水逐渐从草坪下洇出。园地草坪,肥湿处已显碧绿。

/ 思考 /

1. "立春过后,大地渐渐从沉睡中苏醒过来。"(竺可桢《大自然的语言》)大地是如何渐渐苏醒的？请从文中选一种植物,梳理其变化的过程,理解大地渐渐苏醒的意思。

2. 作为记录物候现象的日记,行文却多用文学笔法,这样写好吗?请画出文中运用修辞方法的语句,想想这样写是否可行。如有兴趣,也可以仿此方式写写观察笔记。

/ 荐读 /

五四前夜,鲁迅先生独自在北京的绍兴会馆抄古碑,也校勘古籍。据说单是一本《嵇康集》,他就不知校过多少遍。他还工工整整抄过一本书,就是嵇含的《南方草木状》。《南方草木状》是一本什么样的书? 嵇康与嵇含又有什么关系? 古代还有哪些草木学家? 写过哪些草木名著? 假如你无暇读这些古代典籍,不妨读一读《杂花生树》这本书吧,它能给你答案。

书　　名:杂花生树——寻访
　　　　古代草木圣贤
作　　者:何频
出版信息:河南文艺出版社
　　　　2012 年版

科学小品两则①

科学松鼠会

/导读/ 植物,常被人类认为是处在生物链最低端,然而它的智慧和能量,超乎你的想象。

植物的彩色智慧

史　军②

伴着轻柔的春风细雨,小草悄悄地探出了嫩绿的脑袋,桃花在枝头毫不吝惜地绽放出娇艳粉色,金黄的油菜田引来了大批勤劳的小蜜蜂,一个多彩的生长季节就这样拉开了表演大幕,紧随其后的是夏天浓绿下的树荫,还有秋天飘落的片片火红和金黄。无法想象,若没有这些可爱的植物,地球将变得如何暗淡无光。形形色色的植物就像充满灵感的画家,把或灰或黄的大地装扮得五颜六色,生机盎然。

不过,植物在大地上"涂抹色彩"可不是为了自娱自乐,表达感情,而是为了更好地在这个可爱的地球上生存和繁衍下去。

满眼绿色竟是植物的"残羹冷炙"

如果,让大家选择一种代表生命的颜色,相信 99％的人都会选择绿色。绿色的森林给我们提供清新的空气,绿色的农田为我们送上了丰盛的晚餐,门前那块绿色的草坪给了我们每天的好心情。如今诗人、作家都将热情洋溢的赞美之词送给了这抹绿色。这个时候,绿色的主人肯定会

---

① 选自《冷浪漫》,稍有改动,科学松鼠会著,新星出版社 2015 年版。科学松鼠会,一个致力于在大众文化层面传播科学的非营利机构,汇聚了当代最优秀的一批华语青年科学传播者,旨在"剥开科学的坚果,帮助人们领略科学之美妙"。

② 史军,中国科学院植物研究所植物学博士。

在一旁暗自发笑,因为这抹浸透着生命礼赞的色彩不过是植物吃剩下的"残羹冷炙"。

挂在天边的彩虹告诉我们,太阳送来的白光实际上是一道七色光组成的大拼盘。而挑食的绿色植物只对其中特定的光感兴趣。这是因为,植物叶片中负责吸收光能的叶绿素 a 和叶绿素 b 只会捕捉红光和蓝紫光,胡萝卜素只会捕捉蓝光,而那些无人问津的绿光就被叶片反射回来,或者透射过去。植物不吃"没有营养"的绿色光,所以我们的世界变成了绿色的世界,事情就是这么简单。当然,不是所有的植物都不喜欢绿光,生活在海水里的红藻就对黄绿光情有独钟,那是因为它们体内吸收光能的物质是藻胆蛋白,吃掉黄绿光,反射红光,让红藻穿上了红色的外套。

有些树(如枫树)刚长出的嫩叶是红色的,继而变绿,脱落时变红,是不是因为叶片里吸收光能的物质在不断发生变化呢?答案为否,无论嫩叶还是老叶,叶绿素都是这些叶片中吸收光能的主角。颜色的变化不过是一种被称为花青素的植物色素(也是决定花朵颜色的主要色素)玩的小把戏。一般来说,为了使叶片快速发育成熟,嫩叶中总是聚集了大量的糖类、矿物质等营养元素,再加上柔软多汁,于是就成了食草动物的首选目标。为了避免被啃食,植物不得不在嫩叶中加入含有剧毒的氰化物作为防御武器,同时亮出红色的花青素作为警示标志。当叶片发育成熟时,坚硬的质地和粗糙的口感就足以打消食草动物下嘴的欲望了,作为信号灯的花青素也就得以暂时休息。到了秋天,在落叶之前,植物需要把储存在叶片中的营养都搬回茎或根中,这就需要叶绿素继续工作一段时间,为搬运工作提供必要的能量。但是随着气温下降,阳光对叶绿素的破坏作用也会不断增强,这时花青素再次挺身而出,为叶绿素抵挡住一部分阳光,从而保证整个资源回收任务的圆满成功。

招蜂不引蝶

春天,每朵鲜花都在尽可能展示自己的美丽,吸引传粉动物,并利用这些搬运工把花粉运到其他同种植株的柱头上,完成一年一度的"人生大事"。一时间,百花齐放,蜂飞蝶舞,好不热闹,招蜂引蝶成了植物的头等大事。不过,要是所有的花朵都既招蜂又引蝶,传粉者身上的花粉就会混成一锅粥——油菜的花粉被搬到桃花的柱头上,而桃花的花粉又占据了苹果花的柱头,结果绝对不会是《上错花轿嫁对郎》那般浪漫的爱情故事,只会造成花粉和胚珠的双重浪费,这是各种植物都不愿意看到的。除了错开花时,最重要的解决手段就是让每种植物雇佣各自特定的传粉者,做到招蜂不引蝶。

不同动物对颜色的喜好不同(蜂类喜欢黄色和蓝色,鸟类喜欢红色,蛾类喜欢白色),所以花朵会针对传粉者释放特定的颜色信号。不仅如此,它们还会利用传粉者的一些小嗜好,加强它们在传粉工作中的专一性。黄色的蜡梅为喜欢闻香的蜂类准备了香甜气味作为导航标志;没有丝毫气味的红色芦荟则准备大量花蜜,因为它们的鸟类传粉者需要更多食物,但鸟儿的鼻子却很不好用。虽然,这样的分类导航还略显粗糙,但已能在很大程度上保证传粉的质量。

虽然大多数花朵在竭力跟动物套近乎,不过有些花朵却不屑和动物打交道,黑色(实际上是深紫色)的老虎须就是其中之一。这种生活在雨林之中、"没虫怜爱"的花朵有一套完善的自花授粉机制,它们可以把自家新郎(花粉)送入自己的洞房(子房),完全自力更生开花结实,倒也自得其乐。

红苹果,绿苹果

说到苹果,印象最深的大概要数自己用竹竿敲落的那个又酸又涩的青苹果,还有姥爷从树上摘下的那个又香又甜的红苹果了。和苹果一样,很多果实最初是绿的,长大了是红的或者黄的,又是为什么呢? 其实,不同颜色代表了果实不同的心声。

绿色——别来骚扰我。这时种子还没有发育成熟,为了保护这些未来的植物,保持绿色可以让果实尽可能地躲在绿叶当中。不仅如此,果皮中还存在着大量产生酸涩口感的有机酸和醇等物质,防止动物"偷嘴"。

红色——快点带我走吧。这时,果实中的种子已经发育成熟,需要离开母株寻找新的家园。所以改换了鲜艳的花青素外衣,引诱动物来传播种子。与此同时,果皮中的有机酸和醇合成了芳香的脂类化合物,另外,果皮中还积累了一定量的糖,进一步增加了果实的诱惑力。

不过,即使成熟的果实也不是所有动物都可以随便下口的,火红的辣椒的就是其中之一。辣椒之所以火暴,是因为里面有种被称为辣椒素的物质。这种物质能够刺激人类以及其他哺乳类动物皮肤和舌头上感觉痛和热的区域,使大脑产生灼热疼痛的辛辣感觉。尽管这样的刺激可以带来片刻快感,但要把这样火暴的果实当作主食却不是件简单的事情,人类不行,其他哺乳动物也不行。其实,分泌辣椒素是对辣椒种子的一种保护措施,因为,如果辣椒果实被小型哺乳动物吃掉,种子经消化排出之后,几乎就不能再发芽。那么,辣椒又是靠谁帮它四处散播种子呢? 答案是鸟类。因为鸟类的消化系统不会对辣椒的种子产生丝毫影响,并且这些家伙根本就不知道什么是辣味(这种味觉是哺乳动物的专利),它们可以像吃樱桃一样吞下成堆的辣椒。靠红颜色来吸引鸟类,再靠辣椒素来排斥哺乳动物,辣椒真算得上植物果实中的智者。不过百密一疏,它被四川人抓到了菜肴当中,正是因为它的这份刺激和火暴。

餐盘里的妖艳色彩

就像辣椒素一样,所有有用的植物性状都会被人类利用起来。植物颜色的智慧也成为人们餐桌上的调味品。红色或者黄色的彩椒,紫色的甘蓝,紫色的番茄……越来越多的新奇蔬果冲上了人们的餐桌。这些蔬果各异的色彩都是花青素的功劳。

就像在叶片、花朵和果实中是多面手一样,花青素在餐桌上也身兼数职,它不仅可以从颜色上扮靓餐桌,还可以给营养加点料。2008 年,美国科学家利用转基因技术制造出了富含花青素的紫色番茄,该研究小组认为,食用这种富含抗癌成分——花青素的转基因紫番茄,对降低罹患癌症等疾病的几率大有益处。但是有些专家认为,食用富含花青素的食物能减少患癌风险这一说法并不可靠。不管怎样,这种技术总可以让我们的餐桌色彩更亮丽一些,促使人们更多地种植相应的蔬果,让植物在人类的农田中更好地繁衍生息。

雏菊世界:用尽想象去远游

大长杆君①

亲爱的读者,过节了,给你们一个千载难逢的机会乐一乐吧。从现在起,你就是能一手遮天的神,请从下列狠角色中挑出一个来,作为毁灭地球的生力军!

你的选择有:爱因斯坦领衔的科学家团队、青壮年霸王龙一对、各色外星怪兽一箱、爱吃蛋白粉的绿巨人、某佚名采花大盗。

选好了吗? 选好的话,请继续往下看。

正确答案是——采花大盗!

先别忙着不敢相信自己的眼睛,亲爱的读者,你们没想歪吧,这里的采花大盗是纯物理意义上的采花大盗,也就是采花的大盗。

可采花的大盗比采花大盗还没劲得多,他凭什么能毁灭地球?

英国有个名叫詹姆斯·洛夫洛克(James Lovelock)的独立研究学者,他是个学化学出身,但却更爱奇思妙想的怪老头。1983 年,怪老头创造出一个奇幻的世界,解决了这个连神都搞不定的难题。

借助计算机,洛夫洛克模拟出一个地球的孪生兄弟,也有着球形身材,荒芜出身,不过它有个更诗意的名字,叫做"雏菊世界"。

雏菊世界里埋藏着无数等待发芽的种子。可是由于播种的人不幸是个色盲,种子只能长出两种东西:一种是黑色雏菊,另一种是白色雏菊。黑色雏菊吸收热量的能力非常出色,给点阳光就想灿烂;白色雏菊则天生善于反射阳光,是一些冷冰冰、不好伺候的家伙。

最初,太阳光还很微弱,星球表面温度很低,寸草不生,两类种子都在地下沉睡着。后来,光照逐渐增强,黑色雏菊敏锐地接收到了阳光,热了热身就率先萌发了出来,成为新世界的第一批拓荒者,在仍然稍显寒冷的星球上生长起来。它们从两极开始向低纬度蔓延,渐渐繁茂起来;同时,它们吸收的热量温暖了大地,使得星球温度缓缓上升。

---

① 大长杆君,中国科学院生态学硕士。

这种升温让埋在地下的白色雏菊种子捡了个大便宜,它们开始在温暖的赤道附近萌发并扩展开来,很快便跟黑色雏菊不相上下。星球被黑色和白色的花朵包裹起来,地表温度渐渐稳定下来,两种雏菊也满意地达到了一个平衡的状态。

爱吃醋的太阳看到这番和谐繁荣的景象,心里不免有些酸涩,于是呼哧呼哧地增大了辐射力度,把雏菊世界进一步晒热。由于白色雏菊反射太阳光的能力强,能够在炎热的环境中保持自身温度的凉爽,而黑色雏菊则因为耐受不了高温,逐渐衰败。白色的花儿迅速赶超了它们的竞争对手,在星球上大行其道起来。可怜兮兮的黑色雏菊则被逼回了两极,苟延残喘。此时的大地一片白茫茫,高傲地拒绝着阳光的亲吻。

然而,当白色雏菊以为自己即将大获全胜时,一件自作孽不可活的事情发生了。

原来,由于白色雏菊密密麻麻地覆盖着大地,星球表面无法接收到足够的热量,地表温度悄悄开始下降,一直降到了黑色雏菊能够重新生长的温度。而黑色雏菊的重新抬头,使雏菊世界进入了新一轮的循环:黑色雏菊温暖着大地,白色雏菊退回赤道;但似乎黑色雏菊也高兴得太早了点,地表温度的上升没有让它们笑到最后,白色雏菊趁机重又登上历史舞台。就这样,星球温度起起落落,反反复复,但却始终处于一个适宜雏菊生长的范围。

也许这种竞争关系对雏菊来说再也平常不过,但最酷的事情就在于,这两种雏菊虽然对此毫不知情,但它们却竟然联手打造了一个全自动温控星球!

可是,事情并不算完。在这个年轻的星球周围,其实危机四伏。

给生活加点猛料

简单又高级的雏菊世界招致了外界的强烈不满。许多科学家质疑洛夫洛克的这个理论,说他模拟的这个世界过于单一,有站着说话不腰疼之嫌。俗话说一个和尚挑水吃,两个和尚抬水吃,三个和尚没水吃,雏菊世界里就两种小破花,再加点东西肯定会完蛋。

那就放马过来吧！洛夫洛克回击道，呃……不过我这儿暂时没有那么多马，先放点别的怎么样？

兔子们最先被放养到雏菊世界。它们来了就狂吃一通，最初确实导致了雏菊数量的下降。但到了后来，兔子实在太多，食物不再像以前那样丰富，于是增长速度开始放缓，而雏菊数量渐渐回升，最终两者一道形成了一种同进同退的动态平衡状态。

兔子的好日子还没过多久，狐狸也闻着味跟来了，吃了些兔子，让雏菊松了口气。可是随后狐狸也因为食物短缺而开始计划生育，给兔子带来了重新繁衍的机会……过了不多久，这3个面和心不和的哥们儿又不得不一起并肩前进了。

好和睦、好欢快的场景啊……重口味的读者还是不会信服的，于是洛夫洛克又弄来了点瘟疫、陨星什么的，但结果依然如故：雏菊世界折腾了一阵之后，就又达到了某种平衡状态。也就是说，不管人们如何为雏菊世界添油加醋，它所展现的基本趋势，仍然和最初的模型相一致。并且引入的物种越多越丰富，星球自我调节的能力就越好、越强大。

公元前400年，古希腊哲学家柏拉图就曾经提出，地球本身就是一个生命体。这个看似疯狂的观点没有引起历史的重视，但却让生活在20世纪的洛夫洛克深信不疑。他在20世纪60年代提出了名为"盖亚假说"的类似观点，但由于缺乏有力的数据支持，他的假说遭到了许多科学家的质疑和冷遇。直到二十多年后，雏菊世界的诞生，才让这一理论变得伟大起来。

这一结果让说闲话的人目瞪口呆，洛夫洛克乘胜追击：

雏菊星球的自动调节现象是生物和环境之间相互作用的自然结果，我们生活的地球也具有同样的本领。雏菊世界可以引入更多的物种，但结果是不变的，复杂性的提升只会引领它达到一个新的平衡状态，而不会使之失去自我调节的力量。

就像我们生活的地球一样，地球上的生命是稳定的，就算出现了冰期、瘟疫、火山爆发，它都照旧生生不息。大干扰会导致大灭绝，许多生物也许就此消失，但生命本身从未停止抗争。

可是，美梦真的永远都不会醒来吗？

温柔地杀死你

这一年,太阳格外活跃,报复一样地炙烤着大地,直到白色雏菊也耗尽了它们所有的坚强。

大面积的崩溃开始了,雏菊纷纷凋零,裸露出它们曾辛勤呵护着的土地。星球失去了保护层,无能为力地任由太阳暴晒,温度很快就上升到令任何生命都无法忍受的地步。

洛夫洛克满头大汗地从噩梦中醒来,幡然醒悟。

他猜到了开头,却没有猜到结尾。

生物圈通过积极运作调节气候,使自己能够在一个相当宽的范围内保持适宜生命居住的状态。雏菊世界也正处于自身发展的第三个阶段:即白色雏菊拼了老命来维持星球表面的凉爽。可是白色雏菊的调节作用毕竟是有限的,计算机模拟太阳温度突然升高时,它们自身难保,星球表面温度不可避免地开始骤升。

而这只是灾难的开始。还记得开始时提到的采花大盗吗?雏菊世界的花朵变得稀缺珍贵的时候,觊觎已久的大盗再也按捺不住了。他光临了脆弱的雏菊星球,不由分说地摘走了所有仅存的白色雏菊。世界终于荒芜了,一切都结束了。

这不仅仅是雏菊世界的悲哀。与此同时,在我们生活的地球上,相似的事情也正在发生。人类活动的影响正在不断挑战着地球母亲所能容忍的极限,其中之一就是连我们自己都已经感知到的全球变暖。近年来气温不断攀升,并且更要命的是,攀升速度越来越快,这一点同雏菊世界崩溃时发生的事情简直如出一辙。

就算这样,地球上的采花大盗还仍然振振有词:地球和它那个愚蠢的双胞胎不同,这么多的物种,我采点花算什么!

这话说得不错,可你大概忘了,你不是一个人在战斗。地球上丰富的物种和资源还滋生了采虎大盗、采熊大盗、采藏羚羊大盗,甚至还有为数不少的采矿大盗,以及不直接从事杀戮的道貌岸然的土地贩子,他们也在一刻不闲地工作。等他们都采完了,你再把手一伸,地球史册的最后一笔,一定会抹上你浓重的名字。

那悲剧性的一刻,恐怕没有人想亲眼看到。

在生命中的一些时候,我们要担心的是大蛇、毒虫,以及岌岌可危的悬崖;

在另一些时候,我们关心的是考试、论文,还有一纸鬼知道值不值得的毕业文凭;

然后,老板、工作、注意不要过劳死;接下来,婚姻、家庭、扑面而来的生老病死。

然而雏菊生活的世界却有着不同角度的艰难。在这些脆弱不耐的缝隙之间,它们仍选择拼命绽放,黑与白交织成绚烂的生命画卷。

此去经年,花朵望夏。下次当你见到一朵微不足道的小花时,请向它默默致敬。

一些花边

1. 雏菊世界模型成功地验证了洛夫洛克在 20 世纪 60 年代提出的"盖亚假说"。"盖亚假说"说的是,地球具有生命的属性,它内部的生物和环境相互作用协调,创造了一个稳定并能够自我调节的系统。地球上的组分越复杂,也即生物多样性程度越高,它抵御外界干扰的能力就越强。

2. 詹姆斯·洛夫洛克是个非主流科学家,他的人生相当具有传奇色彩。作为一名爱国青年,洛夫洛克曾经毅然决然地投身第二次世界大战,想通过医学救国,后未遂(早知道应该介绍他和鲁迅先生认识⋯⋯)。战后的詹姆斯依靠制作一些实验仪器过活,他的心灵手巧被美国国家航空航天局相中,很快就被邀请到加州从事一些火星探索方面的工作。不过他来了以后就没干过什么正事,不仅常常顶撞上司,还把美国人为探索火星生命而斥巨资打造的"维京计划"说成一堆不靠谱的废柴。被炒了之后,詹姆斯开始单干,先在祖国的《自然》杂志发了篇试探性的文章,后来没过几年,便掷地有声地甩出了震惊世界的"盖亚假说"。2008 年,洛夫洛克荣获全球十大疯狂科学家第四名,把诡异的费曼叔叔都抛在了身后。

3. 这个假说最初名为"自平衡的地球控制理论",但幸好洛夫洛克隔壁住了一位名叫威廉·戈尔丁(Willem Golding)的作家,他曾是诺贝尔文学奖得主。威廉听说洛夫洛克的这个理论之后，建议他改成"盖亚假说"。盖亚是希腊神话中大地女神的名字，又贴合理论内容，又能吸引眼球。后来这一假说果然出了名。原来每个成功的理工男背后，都有一个成功的文学青年呀！

╱ 思考 ╱

1. 读完这两篇科学短文，你能理解为什么说植物是"简单而又高级"的生命吗？

2. 两则短文在语言上各有特色，你更倾向于哪一种呢？

╱ 荐读 ╱

美国加州大学神经生物学博士、英国牛津大学动物学博士、中国科技大学天文学博士、南开大学环境科学博士……看到这些名号，你是否有点儿敬畏？你可能在想，凭自己的学识根本无法与他们对话交流吧！然而，他们聚集到一起，就是想要像松鼠一样打开科学的坚硬外壳，将有营养的果仁剥出来，让更多的人能够领略到科学的美妙。他们通过独特的视角，运用或幽默或优雅的语言，就是要让你被科学的"冷"浪漫给迷住。

书　名：冷浪漫
作　者：科学松鼠会
出版信息：新星出版社 2015年版

李商隐《蝉》①

蒙　曼

/导读/　虞世南的蝉,是"流响出疏桐";骆宾王的蝉,则是"风多响易沉"。晚唐的李商隐也有一首咏蝉诗,他又会赋予蝉怎样的情思呢?

蝉

李商隐

本以高难饱,徒劳恨费声。

五更疏欲断,一树碧无情。

薄宦梗犹泛,故园芜已平。

烦君最相警,我亦举家清。

高难饱:古人认为蝉栖于高处,餐风饮露,故说"高难饱"。

恨费声:因恨而连声悲鸣。

疏欲断:指蝉声稀疏,接近断绝。

　　所谓"本以高难饱,徒劳恨费声",这是以蝉起兴。蝉本来就因为栖身高树而难以吃饱,却还要拼命嘶叫,当然终属徒劳。这里有趣的是"恨"字。谁恨?当然是蝉。恨什么?恨自己白白浪费叫声,却并无所得。只是恨自己吗?当然不是。它还怨恨这世界无情,并不理会它的叫声。这真的是描摹蝉吗?蝉就是那样的生物,它靠吃树的汁液生活,栖身大树,不会让它吃不饱。蝉鸣是为了求偶,既不徒劳,更不可能有恨意。诗人这样写,是不是思之过深了?又不是。在咏物诗里,物只是诗人借题发挥的

---

　　① 选自《蒙曼品最美唐诗·人生五味》,浙江人民出版社 2018 年版。蒙曼,著名隋唐史学者,《百家讲坛》主讲人,中央民族大学教授。

对象。诗人就是要借助所咏之物的特性,来抒发自己的感情。蝉的特性就是"高"和"费声"。诗人只需要就这两个特性发挥就可以了。对于诗人来说,这高不是树高,而是清高。诗人因为清高,不合流俗,自然难以获得理想的生活,这不就是"本以高难饱"吗?"费声"也不是蝉绵绵不绝的嘶鸣,而是诗人不停地吟诗作赋,甚至是不停地向当道者自荐陈情,可这些努力全属徒劳,这种徒劳感让诗人恨自己,也恨这冰冷的世界,这是一种怎样的不得志,怎样的郁郁难平呀!这种感情不属于蝉,它属于诗人。这其实也正是咏物诗的妙处,就特性而言,它是属于物的,但是,就情感而言,它又必须属于人。人情和物性,就这样完美地结合在了一起。

律诗讲起承转合。首联讲蝉栖高树,徒劳费声,这是起。那颔联呢?颔联的功能是承,所以接着"费声"往下写:"五更疏欲断,一树碧无情。"这一联,历来称为追魂之笔,绝妙好词。绝妙在哪里呢?先看"五更疏欲断",五更,是天快亮的时候。蝉本来没有吃饱,又叫了一夜,到这个时候,声音已经是断断续续,难以为继了。这句写得非常悲情,但还不令人叫绝。真正令人称叹的,是下一句"一树碧无情"。尽管蝉鸣欲断,但大树照样在天光的照耀下露出苍翠之色,这是何等冷漠、何等无情啊!如果仅仅从逻辑的角度考虑,这不是非常无理吗?蝉声是断还是续,和树是绿还是黄又有什么关系呢?但是,这不是科学论文,而是咏物诗。咏物诗中的重点,永远不是事物本身,而是人附加在事物上的感情。就蝉而言,树当然既谈不上有情,也谈不上无情。但是,对于以蝉自比的诗人而言,他所托身的大树,或者说,他所寄托希望的有势力者,却可以有情,也应该有情。他们本来不应该对诗人的撕心裂肺无动于衷,但是,他们居然就那么无动于衷。所谓世情薄、人情恶,不就体现在这"一树碧无情"之中吗?所以说,这"一树碧无情"貌似无理,但是从人情的角度体味,又是那么入情入理。《红楼梦》里,香菱学诗的时候不是说过吗?"据我看来,诗的好处,有口里说不出来的意思,想去却是逼真的。有似乎无理的,想去竟是有理有情的。"香菱的这番体味,正是对"五更疏欲断,一树碧无情"的最好注解。

首联起,颔联承,颈联该转了。转到哪里呢?从蝉转到人了:"薄宦梗犹泛,故园芜已平。"到这一步,诗人已经抛开咏蝉的外衣,直面自己的人生悲剧。什么样的悲剧呢?先看"薄宦梗犹泛"。所谓"薄宦",自然是指官小位卑。那"梗犹泛"是什么意思呢?这里用的是《战国策》里的一个典故。河边有一个泥人和一个桃木做的木偶人。木偶人讽刺泥人说，你本来不过就是河西岸的土，被人捏成一个泥人而已。到八月的时候，天降大雨，河水暴涨，你被水一冲，还不是又成了一摊烂泥！泥人反唇相讥道，我本来就是河西岸的土，河水一冲，还是回到西岸当土，有什么了不起！而你呢？本来是东方的一根桃树枝，人们把你雕成一个人形，到八月大水下来的时候，我倒要看你漂到哪里去？什么意思呢？泥人还有来路、有去向，而桃树枝，也就是桃梗，却只能随波逐流，漂泊不定。在这里，诗人用这桃梗的典故，真是无限感慨。自己当着一个小官，每天装模作样，何尝不像那个摇头摆尾的木偶人！自己为了衣食东奔西走，前途渺茫，又何尝不像那个漂泊无依的桃梗！既然如此，为什么不弃官回家呢？陶渊明当年做官不得志，不是吟诵着"归去来兮，田园将芜胡不归"，辞官归隐了吗？可是，诗人既然自比桃梗，就说明已经无家可归了。为什么呢？因为"故园芜已平"。田园早已荒废，家业早已荡然。一枝已经砍下的桃枝，本来就无法再回到桃树，何况连桃树也早就连根拔起了呢！"薄宦梗犹泛，故园芜已平"，官固然是难做下去，家更是回不去，这样的人生，何等悲凉啊。其实，这不是李商隐一个人的悲凉，而是唐朝平民知识分子的普遍悲剧。他们不像魏晋南北朝时期那些贵族文人，在朝廷里有势力，在家乡还有产业。进可攻，退可守，人生可以活得潇潇洒洒。他们出自寒门小户，做官无背景，生活无保障。他们有才华，就像蝉有歌声；他们渴望得到有力者的庇护，就像寒蝉依赖大树。但是，他们往往又清高，低不下头，放不下身段，撇不开原则，看不透时局，所以又被有力者抛弃。他们痛恨"一树碧无情"，却又没有退路，无可奈何。"薄宦梗犹泛，故园芜已平"，这进退失措背后，有多少时代和人生的辛酸啊！

全诗由蝉到人，写尽不堪，那怎么结尾呢？看尾联："烦君最相警，我亦举家清。"尾联的作用是合。合到哪里呢？还合到蝉上去。这蝉，已经不是自然之蝉，而是拟人之蝉，是"君"。以君对我，是同病相怜，更是同声相应。蝉之难饱恰如我之薄宦；蝉之面对无情碧树，恰如我之面对凉薄世道，这是同病相怜的部分。但是，这不是重点。重点是什么？重点是，蝉明明知道高难饱，还是要登高；我明知清高会受挫，也还是要清高，这才是真正的物我一体，同声相应。既然如此，蝉之嘶鸣，就仿佛在提醒我坚守清贫、坚守清白，而我也慨然呼应。"烦君最相警，我亦举家清"，这种困境中的坚守，哀婉中的不屈,不正是诗人的志气和操守吗?诗写到这里,境界一下子就升华了。

很多人都知道,李商隐经历坎坷,潦倒终生。他早年丧父,为了撑持门户,不得不给人抄书度日。但与此同时,他又是个神童,五岁诵经书,七岁弄笔砚,十五六岁就名扬天下。这样的才华让他被很多人看好,也让他在有意无意之中卷入了当时著名的官场内斗——牛李党争之中。他跟两派都有关系,其结果不是两派都提携他,而是两派都打击他,而他也最终成为两派斗争的牺牲品。这样的人生悲剧,让李商隐的诗往往笼罩着悲凉的色彩,比如"五更疏欲断,一树碧无情"。但是,尽管如此,李商隐从未失去底线,从未失去士人风骨。孟子说:"无恒产而有恒心者,惟士为能。"所谓"烦君最相警,我亦举家清",不就是属于士人的恒心吗?

/ **思考** /

1. 这首诗被后人誉为"咏物最上乘"之作,诗中蝉我一体,尽显士人风骨。结合上文说说你对"士人风骨"内涵的理解。

2. 读古诗有法可循,蒙曼老师就抓住律诗"起承转合"的章法特点来解读律诗。请你也尝试用这种方法解读自己喜欢的一首律诗吧。

/ **荐读** /

如果要寻李白、苏轼的遗踪,你会去哪里?你一定会说,去西安找李白,去杭州访苏轼。然而有一位老先生,他去皖南看李白,去儋州探苏轼,那恰是两位大文人生命最后的流连之所。这样的视角,使得这位老先生的这本《读文人》有了别样的味道,读者读来也有别样的感受。

读文人

王充闾 著

书　名:读文人
作　者:王充闾
出版信息:中国青年出版社
2012 年版

王江善养生①

苏 辙

/导读/ 一个宛丘乞丐在北宋的江湖上亦有他的传说，以至于让唐宋八大家之一的苏辙为他提笔呢。

丐者王江，居宛丘，喜饮酒，醉卧涂潦②中，不以为苦。尝大雪，或以雪埋之，其气勃然，雪辄融液。游于市中，常髽③角戴花，小儿群聚捽骂之，江嬉笑自若。往往贩鬻④饼饵，晚不能售，辄呼与共食。入田舍，父老招之食饮，醉饱即睡，妇女在侧，江不以自疑，人亦信其无他也。以此陈人敬爱之，至画其像，事以香火。刘述为京西漕⑤，至陈，欲见江。方入城，江当道大骂，刘亦不知其江也，俾州挞之。明日，召江愧谢。江笑曰："骂运使受杖，分也。"亦不谢。士大夫知其异，百计欲问其术，辄佯醉极口骂，终莫能问者。熙宁中，予为陈学教授，屡以酒邀之，饮不甚多，曰："年老气衰，不能剧饮如往日矣！"大肉、硬饼，亦皆不食。每欲啖，辄中止而咽，若喉中时有流水者然。畏其骂，不敢问也。一日言及养生事，江怫然⑥欲骂，予曰："予以畏骂，久无所问，今日语，适然耳，非欲盗法也。且吾欲学道，开卷求之，虽不尽得，亦过半矣！顾方溺世故，妻孥满目前，虽使吕公来，其如我何，而况尔耶？"江笑曰："君言是也。"予因曰："吾决不问子术。

---

① 选自《龙川略志 龙川别志》，中华书局1982年版。苏辙（1039—1112），字子由，一字同叔，晚号颍滨遗老，眉州眉山（今属四川）人。北宋文学家，"唐宋八大家"之一。

② 涂潦：道路泥泞积水。

③ 髽（zhuā）：指古代妇人在办丧事的时候梳的发髻，用麻束住头发。

④ 鬻（yù）：卖。

⑤ 京西漕：官职名，京西的漕运使。

⑥ 怫然：不悦貌。"怫"，通"怫"。

姑告我昔本何人,缘何学道而已。"江曰:"我本考城人,少亦娶妻,居妻家,不事生业,妻父屡谴我,至加殴箠。一日,闭门不纳。我傍待其门者累日,忽发愤弃之而游。少尝举学究,能诵《周易》。"试之,不遗一字。久之,太守陈述古招剑州李昊,使作符禁。昊为人大言多诞,欲见江。江即逃去,遂不知所在。

/ 思考 /

1. 丐者王江可谓江湖"异人",梳理出短文中关于王江的"异事",说说王江"异"在何处。

2. 苏辙写关于丐者王江的故事,为什么文末略提李昊其人其事,此处叙述是否多余呢? 说说你的见解。

/ 荐读 /

"长翁波涛万顷陂,少翁巉秀千寻麓",古人是这样评价苏轼兄弟的文章的。读了上文,你体会到了小苏峻峭秀丽的文风了吧。若想体会大苏洋洋洒洒、挥洒自若的文笔,不妨读一读《东坡志林》,此乃苏轼随笔集,内容广泛,妙趣横生。记游、疾病、时事、送别、祭祀等等,当然也不乏王江之类奇人异事,真可谓无所不谈。或千言或数语,正如东坡评价自己为文"如行云流水,初无定质,但常行于所当行,常止于所不可不止"。走进坡仙散文,你会体会到行云流水的境界。

书　　名:东坡志林
作　　者:苏轼
评　　注:刘文忠
出版信息:中华书局 2007 年版

西山十记·玉泉山①

袁中道

/导读/ 循玉泉山而行,山中鸟声百啭,杂华在树,宛若江南三月。难怪隐居在此的袁中道对它情有独钟。

　　功德寺循河而行,至玉泉山麓,临水有亭。山根中时出清泉,激喷巉石中,悄然如语。至裂泉,泉水仰射,沸冰结雪,汇于池中。见石子鳞鳞②,朱碧磊珂③,如金沙布地,七宝④妆施。荡漾不停,闪烁晃耀。注于河,河水深碧泓淳⑤,澄激迅疾,潜鳞了然,荇发可数。两岸垂柳,带拂清波,石梁⑥如雪,雁齿相次⑦。间以独木为桥,跨之濯足,沁凉入骨。

　　折而南,为华严寺,有洞可容千人,有石床可坐。又有大士⑧洞,石理诘曲⑨,突兀奋怒,较华严洞更觉险怪。后有窦⑩,深不可测。其上为望湖亭,见西湖⑪明如半月,又如积雪未消。柳堤一带,不知里数,嫋嫋濯濯⑫,

---

　　① 选自《明文观止》,学林出版社 2015 年版。袁中道(1570—1626),字小修,一作少修,湖北公安(今属湖北省)人,明代文学家,"公安派"领袖之一,著有《珂雪斋集》二十卷、《游居柿录》二十卷。

　　② 鳞鳞:形容石子像鱼鳞那样整齐地排列着。

　　③ 磊珂:堆积着的像玉的美石。

　　④ 七宝:佛经以金、银、琉璃、砗磲、玛瑙、珍珠、玫瑰为七宝。

　　⑤ 泓淳(hóng tíng):水深而停滞。

　　⑥ 石梁:水中为捕鱼而设的石堰。

　　⑦ 雁齿相次:像雁行那样排列齐整有序。

　　⑧ 大士:即观音大士。

　　⑨ 石理诘曲:岩石纹路弯曲。

　　⑩ 窦:洞。

　　⑪ 西湖:即今颐和园的昆明湖。

　　⑫ 嫋嫋濯濯:嫋嫋,柔美的样子;濯濯,清新的样子。

封天蔽日。而溪壑间民方田作,大田浩浩,小田晶晶,鸟声百啭,杂华在树,宛若江南三月时矣。

循溪行,至山将穷处,有庵,高柳覆门,流水清澈。跨水有亭,修饬而无俗气。山余①出巉石,肌理深碧。不数步见水源,即御河发源处也。水从此隐矣。

/ 思考 /

1. 本文脉络清晰,线索有迹可循,理清作者的游踪,体会游记散文的特色。

2. 勾画描写景物的文字,体会作者笔下的玉泉山水与你读过的山水游记相比有什么特别之处。

/ 荐读 /

"门泊东吴万里船",由蜀地到吴会,岂止是遥遥万里水路,更有两岸无限风光。宋淳熙年间,范成大自四川制置使召还,五月由成都起程,取水路东下,于十月抵临安(今浙江杭州),随日记述阅历,结成一本《吴船录》。它详细记载了作者出蜀路途中之所见所闻所感,与陆游的《入蜀记》堪称长江游记的双璧。当你随着范成大的游踪行进,你会看到与今天大不一样的长江风光。

书　　名:吴船录(外三种)
作　　者:范成大
出版信息:浙江人民美术出版
社 2016 年版

---

① 山余:山的尽处。

石渠记①

柳宗元

/导读/　石渠的景致独具风姿,风摇其巅,韵动崖谷;然去者寥寥。世间不识美者何其多!

　　自渴②西南行,不能百步,得石渠。民桥其上。有泉幽幽然,其鸣乍大乍细。渠之广,或咫尺,或倍尺,其长可十许步。其流抵大石,伏出其下。逾石而往,有石泓③。昌蒲被之,青鲜环周。又折西行,旁陷岩石下,北堕小潭。潭幅员减百尺,清深多鲦④鱼。又北曲行纡余,睨⑤若无穷,然卒入于渴。其侧皆诡⑥石怪木,奇卉美箭,可列坐而庥⑦焉。风摇其巅,韵⑧动崖谷。视之既静,其听始远。

　　予从州牧得之,揽去翳⑨朽,决疏土石,既崇⑩而焚,既酾⑪而盈。惜其未始有传焉者,故累记其所属,遗之其人,书之其阳,俾后好事者求之得以

---

　　① 选自《柳宗元选集》,高文、屈光选注,上海古籍出版社 1992 年版。柳宗元(773—819),字子厚,河东(现山西运城永济一带)人,"唐宋八大家"之一,唐代文学家、哲学家、散文家,世称"柳河东""河东先生",著有《河东先生集》。
　　② 渴:潭名,指袁家渴。
　　③ 泓:水深的样子。
　　④ 鲦(tiáo):白鲦鱼。
　　⑤ 睨:斜着看。
　　⑥ 诡:奇异。
　　⑦ 庥:同"休",休息。
　　⑧ 韵:和谐悦耳的声音。
　　⑨ 翳:遮蔽,隐藏。
　　⑩ 崇:增长,这里指堆积。
　　⑪ 酾(shī):疏导。

易。元和七年正月八日，龋①渠至大石。十月十九日，逾石得石泓小潭。渠之美于是始穷也。

/ 思考 /

1. 柳宗元以其别具风韵的文笔绘制了一幅"石渠风景图"，想必这幅"图"给你留下了深刻印象，请用现代汉语描述下来吧。

2. 王国维说"一切景语皆情语"，朗读短文体会作者于景中流露出的别样情怀。

/ 荐读 /

读唐宋八大家散文助你增加人生智慧，在这里你会读到平民性格、人伦大爱、家国情怀，乃至理想境界。那一篇篇洋洋洒洒、行云流水的文章宛如辽阔无边的金灿灿的田野，成熟而富有生机，颗粒馨香而又风格各异。在这里你会邂逅"文以载道"的韩愈，会遇到善写"胸中之言"的苏洵；会与韩愈追随者曾巩相识，会和文风雄健的王安石神交……还有熟悉的柳宗元、大小苏、醉翁……愿你在汪洋淡泊的文字里汲取丰富自己思想的源头活水。

书　名：唐宋八大家散文
注　评：王会磊
出版信息：长江文艺出版社
　　　　　2015年版

---

① 龋(juān)：使清洁，整修。

青堂羌善锻甲①

沈　括

/导读/　青堂羌善于锻造铁甲,镇戎军就有一副这样神奇铁甲,被当作军中之宝。

青堂羌善锻甲,铁色青黑,莹彻可鉴毛发,以麝皮为缅旅②之,柔薄而韧。镇戎军③有一铁甲,椟藏之,相传以为宝器。韩魏公帅泾原,曾取试之,去之五十步,强弩射之,不能入。尝有一矢贯札④,乃是中其钻空⑤,为钻空所刮,铁皆反卷,其坚如此。凡锻甲之法,其始甚厚,不用火,冷锻之,比元厚三分减二乃成。其末留筋头许不锻,隐然如瘊子⑥,欲以验未锻时厚薄,如浚河留土笋⑦也,谓之"瘊子甲"。今人多于甲札之背,隐起伪为瘊子;虽置瘊子,但元非精钢,或以火锻为之,皆无补于用,徒为外饰而已。

/ 思考 /

1. 青堂羌是如何锻甲的,锻出的甲有何特点? 用你自己的话来说说吧。

---

①　选自《梦溪笔谈》,张富祥译注,中华书局 2016 年版。沈括(1031—1095),字存中,号梦溪丈人,北宋政治家、科学家,《梦溪笔谈》是其代表作。青堂羌:古代吐蕃族的一支,以居住在青堂城附近而得名,旧址在今青海西宁附近。

②　缅旅:串甲片的带子。旅:整齐排列,这里指串扎。

③　镇戎军:行政区划名,治今宁夏固原。

④　札:铁甲上的甲片。

⑤　钻空:甲片上用来穿带子的小孔。

⑥　瘊子:皮肤上的一种疣疮。

⑦　土笋:高出于地面的土柱,像竹笋一样挺立,故称为土笋。

2. 作者为什么要在文末提及今人做的"瘊子",这样写好吗？谈谈你的见解。

荐读

"所与谈者,唯笔砚而已",这就是北宋沈括晚年在镇江"梦溪园"日常生活的主要场景。在与笔砚的交流间,他一生学问精华凝成一部传世名作——《梦溪笔谈》。这部囊括历法、气象、地理、物理、化学、生物、工艺、医药、文史、军事等诸多领域的著作,被称为"中国科学史上的坐标"。沈括则被英国科学史家李约瑟称为"中国整部科学史中卓越的人物"。你对这部百科全书式的著作有阅读兴趣了吧?赶紧翻阅吧!

书　　名:梦溪笔谈
作　　者:沈括
译　　注:张富祥
出版信息:中华书局 2016 年版

《诗经》两首①

/导读/ 子曰:"《诗》三百,一言以蔽之。曰:思无邪。"体会两首诗的真挚情感吧!

桃 夭

桃之夭夭②,	桃树年轻枝正好,
灼灼③其华。	花开红红开得妙。
之子④于归,	这个姑娘来出嫁,
宜其室家⑤。	适宜恰好成了家。
桃之夭夭,	桃树年轻枝正好,
有蕡⑥其实。	结的果儿大得妙。
之子于归,	这个姑娘来出嫁,
宜其家室。	适宜恰好成一家。
桃之夭夭,	桃树年轻长得好,

---

① 选自《诗经译注》,周振甫译注,中华书局 2010 年版。

② 夭夭:指树还年轻长得好。

③ 灼灼(zhuó):指红红。

④ 之子:这个姑娘。子也可指女的。于归:出嫁。归指嫁。

⑤ 室家:家庭。

⑥ 蕡(fén):大。

其叶蓁蓁①。	叶儿茂密密得妙。
之子于归,	这个姑娘来出嫁,
宜其家人。	适宜一家人都好。

这诗的解释有二。一是《毛诗序》:"《桃夭》,后妃之所致也。不妒忌则男女以正,婚姻以时,国无鳏民也。"二是方玉润《诗经原始》:"《桃夭》不过取其色以喻'之子',且春华初茂,即芳龄正盛时耳,故以为比。……何诗又以为美后妃而作?……且呼后妃为'之子',恐诗人轻薄亦不止猥亵如此之盛耳!"

黍　离

彼黍②离离③,	那个黍子长成行列,
彼稷④之苗。	那个高粱正在长苗。
行迈靡靡⑤,	走路慢慢地走,
中心摇摇⑥。	心里头不安地摇摇。
知我者谓我心忧,	知道我的人说我心在发愁,
不知我者谓我何求。	不知道我的人说我有什么要求。
悠悠苍天,	遥远的苍天啊,
此何人哉!	这是什么人造成的啊!
彼黍离离,	那个黍子长成行列,

---

① 蓁蓁(zhēn zhēn):茂盛。
② 黍(shǔ):黍子,草本植物,子实淡黄色,去皮后叫黄米,煮熟后有黏性。
③ 离离:行列貌。
④ 稷(jì):高粱。
⑤ 靡靡:行步迟缓貌。
⑥ 摇摇:心神不安。

彼稷之穗。	那个高粱正在抽穗。
行迈靡靡，	走路慢慢地走，
中心如醉。	心中像喝醉了酒。
知我者谓我心忧，	知道我的人说我心在发愁，
不知我者谓我何求。	不知道我的人说我有什么要求。
悠悠苍天，	遥远的苍天啊，
此何人哉！	这是什么人造成的啊！

彼黍离离，	那个黍子长成行列，
彼稷之实。	那个高粱正在结实。
行迈靡靡，	走路慢慢地走，
中心如噎①。	心中好像气逆发咽。
知我者谓我心忧，	知道我的人说我心发愁，
不知我者谓我何求。	不知道我的人说我有什么要求
悠悠苍天，	遥远的苍天啊，
此何人哉！	这是什么人造成的啊！

《毛诗序》：“《黍离》，闵宗周也。周大夫行役，至于宗周（西周），过故宗庙宫室，尽为禾黍，闵周室之颠覆，彷徨不忍去，而作是诗也。”《笺》：“宗周，镐京也，谓之西周。周，王城也，谓之东周。幽王之乱而宗周灭，平王东迁，政遂微弱，下列于诸侯，其诗不能复雅，而同于《国风》焉。”

/ 思考 /

1. 反复朗读《桃夭》《黍离》这两首俱为风土之音的歌谣，体会二者的

―――――――――

① 噎（yē）：气逆不顺。

不同情感。

2. 比较《诗经》原文与周振甫先生翻译的现代诗,你更喜欢哪一种? 说说理由。

/ 荐读 /

风雅颂,赋比兴,一部《诗经》传唱千年,滋养了无数人的心灵。它是我们民族永恒的精神故乡。周振甫先生以诗性的语言来译注《诗经》,读来让人甚是喜欢。"关关雎鸠,在河之洲,窈窕淑女,君子好逑",这些千百年来为人们所传唱的名篇,在周振甫先生的笔下重新焕发了异彩。同学们,不学诗,无以言,让我们在美妙年华里去邂逅那最美的诗歌吧!

中国古典名著译注丛书

诗经译注
(修订本)

周振甫 译注

中华书局

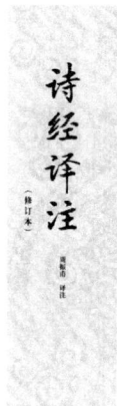

书　　　名:诗经译注
译　　　注:周振甫
出版信息:中华书局 2010 年版

第四单元

成为一个不惑、不忧、不惧的人

成为一个不惑、不忧、不惧的人[①]

梁启超

/导读/ 求学问,是为了学做人;学做人,要向不惑、不忧、不惧的目标靠近。这,也是一生的课题。

诸君!我在南京讲学将近三个月了,这边苏州学界里,有好几回写信邀我,可惜我在南京是天天有功课的,不能分身前来。今天到这里,能够和全城各校诸君聚在一堂,令我感激的很,但有一件,还要请诸君原谅:因为我一个月以来,都带着些病,勉强支持,今天不能作很长的讲演,恐怕有负诸君期望哩。

问诸君"为什么进学校?"

我想人人都会众口一词的答道:"为的是求学问。"再问:"你为什么要求学问?""你想学些什么?"恐怕各人的答案就很不相同,或者竟自答不出来了。诸君啊!我替你们回答一句罢:"为的是学做人。"你在学校里头学的什么数学、几何、物理、化学、生理、心理、历史、地理、国文、英语,乃至什么哲学、文学、科学、政治、法律、经济、教育、农业、工业、商业等等,不过是做人所需的一种手段,不能说专靠这些便达到做人的目的,任凭你把这些件件学的精通,你能够成个人不成个人还是个问题。

人类心理,有知、情、意三部分。这三部分圆满发达的状态,我们先哲名为三达德——智、仁、勇。为什么叫做"达德"呢?因为这三件事是人类普通道德的标准,总要三个具备,才能成一个人。三件的完成状态怎么样

---

① 选自《成为一个不惑、不忧、不惧的人:力透时空的演讲》,梁启超等著,北京联合出版公司 2016 年版。梁启超(1873—1927),字卓如,号任公,又号饮冰室主人,广东新会人,中国近代思想家、政治家、教育家、史学家、文学家。本文系梁启超 1922 年应苏州学界之邀所做的一场演讲,他围绕"为什么进学校"这一问题给出了自己的答案。

呢？孔子说："知者不惑，仁者不忧，勇者不惧。"所以教育应分为知育、情育、意育三方面，——现在讲的智育、德育、体育不对，德育范围太笼统，体育范围太狭隘——知育要教到人不惑，情育要教到人不忧，意育要教到人不惧。教育家教育学生，应该以这三件为究竟，我们自动的自己教育自己，也应该以这三件为究竟。

怎么样才能不惑呢？

最要紧的是养成我们的判断力。想要养成判断力，第一步，最少须有相当的常识，进一步，对于自己要做的事须有专门智识，再进一步，还要有遇事能断的智慧。

假如一个人连常识都没有，听见打雷，说是雷公发威，看见月蚀，说是蛤蟆贪嘴。那么，一定闹到什么事都没有主意，碰到一点疑难问题，就靠求神问卜看相算命去解决，真所谓"大惑不解"，成了最可怜的人了。学校里小学中学所教，就是要人有了许多基本的知识，免得凡事都暗中摸索。

但仅仅有点常识还不够，我们做人，总要各有一件专门职业。这门职业，也并不是我一人破天荒去做，从前已经许多人做过，他们积累了无数经验，发现出好些原理原则，这就是专门学识。我打算做这项职业，就应该有这项专门的学识。例如我想做农吗，怎么的改良土壤，怎么的改良种子，怎么的防御水旱病虫，等等，都是前人经验有得成为学识的；我们有了这种学识，应用他来处置这些事，自然会不惑，反是则惑了。做工、做商等等都各有他的专门学识，也是如此。我想做财政家吗，何种租税可以生出何样结果，何种公债可以生出何样结果等等，都是前人经验有得成为学识的；我们有了这种学识，应用他来处置这些事，自然会不惑，反是则惑了。教育家、军事家等等，都各有他的专门学说，也是如此。

我们在高等以上学校所求的知识，就是这一类。但专靠这种常识和学识就够吗？还不能。宇宙和人生是活的不是呆的，我们每日碰见的事理是复杂的变化的，不是单纯的刻板的，倘若我们只是学过这一件，才懂这一件，那么，碰着一件没有学过的事来到跟前，便手忙脚乱了。

所以还要养成总体的智慧，才能有根本的判断力。这种总的智慧如何才能养成呢？第一件，要把我们向来粗浮的脑筋着实磨炼他，叫他变成细密而且踏实。那么，无论遇着如何繁难的事，我都可以彻头彻尾想清楚他的条理，自然不至于惑了。

第二件，要把我们向来浑浊的脑筋，着实将养他，叫他变成清明。那么，一件事理到跟前，我才能很从容很莹澈的去判断他，自然不至于惑了。以上所说常识学识和总体的智慧，都是知育的要件，目的是教人做到"知者不惑"。

怎么样才能不忧呢？

为什么仁者便会不忧呢？想明白这个道理，先要知道中国先哲的人生观是怎么样。"仁"之一字，儒家人生观的全体大用都包在里头。"仁"到底是什么？很难用言语说明，勉强下个解释，可以说是："普遍人格之实现。"孔子说："仁者人也。"意思是说人格完成就叫做"仁"。

但我们要知道，人格不是单独一个人可以表现的，要从人和人的关系上来看。所以仁字从二人，郑康成解他做"相人偶"。总而言之，要彼此交感互发，成为一体，然后我的人格才能实现。所以我们若不讲人格主义，那便无话可说；讲到这个主义，当然归宿到普遍人格。换句话说，宇宙即是人生，人生即是宇宙，我们的人格，和宇宙无二区别，体验得这个道理，就叫做"仁者"。然则这种仁者为什么就会不忧呢？大凡忧之所从来，不外两端，一曰忧成败，二曰忧得失。我们得着"仁"的人生观，就不会忧成败。为什么呢？因为我们知道宇宙和人生是永远不会圆满的，所以《易经》六十四卦，始"乾"而终"未济"。正为在这永远不会圆满的宇宙中，才永远容得我们创造进化。

我们所做的事，不过在宇宙进化几万万里的长途中，往前挪一寸，两寸，哪里配说成功呢？然则不做怎么样呢？不做便连这一寸都不往前挪，那可真是失败了。

"仁者"看透这种道理，信得过只有不做事才算失败，肯做事便不会失败。所以《易经》说："君子以自强不息。"换一方面来看，他们又信得过凡事不会成功的几万万里路挪了一两寸，算成功吗？所以《论语》："知其不可而为之。"你想，有这种人生观的人，还有什么成败可忧呢？

再者，我们得着"仁"的人生观，便不会忧得失。为什么呢？因为认定这件东西是我的，才有得失之可言。连人格都不是单独存在，不能明确的画出这一部分是我的，那一部分是人家的，然则哪里有东西可以为我们所得？既已没有东西为我所得，当然也没有东西为我所失。

我只是为学问而学问，为劳动而劳动，并不是拿学问劳动等做手段来达某种目的——可以为我们"所得"的。所以老子说："生而不有，为而不恃。""既以为人己愈有，既以与人己愈多。"你想，有这种人生观的人，还有什么得失可忧呢？总而言之，有了这种人生观，自然会觉得"天地与我并生，而万物与我为一"，自然会"无人而不自得"。他的生活，纯然是趣味化艺术化。这是最高的情感教育，目的教人做到"仁者不忧"。

怎么样才能不惧呢？

有了不惑不忧功夫，惧当然会减少许多了。但这是属于意志方面的事。一个人若是意志力薄弱，便会有丰富的智识，临时也会用不着，便有优美的情操，临时也会变了卦。然则意志怎么才会坚强呢？头一件须要心地光明，孟子说："浩然之气，至大至刚。行有不慊于心，则馁矣。"又说："自反而不缩，虽褐宽博，吾不惴焉；自反而缩，虽千万人，吾往矣。"

俗话说得好："生平不作亏心事，夜半敲门心不惊。"一个人要保持勇气，须要从一切行为可以公开做起，这是第一着。第二件要不为劣等欲望之所牵制。

《论语》记，子曰："吾未见刚者。"或对曰申枨。子曰："枨也欲，焉刚。"一被物质上无聊得嗜欲东拉西扯，那么百炼成刚也会变成绕指柔了。总之，一个人的意志，由刚强变为薄弱极易，由薄弱返到刚强极难。一个人有了意志薄弱的毛病，这个人可就完了。

自己作不起自己的主，还有什么事可做？受别人压制，做别人奴隶，自己只要肯奋斗，终必能恢复自由。自己的意志做了自己情欲的奴隶，那么，真是万劫沉沦，永无恢复自由的余地，终身畏首畏尾，成了个可怜人了。

孔子说："和而不流，强哉矫；中立而不倚，强哉矫。国有道，不变塞焉，强哉矫；国无道，至死不变，强哉矫。"我老实告诉诸君说罢，做人不做到如此，决不会成一个人。但做到如此真是不容易，非时时刻刻做磨炼意志的功夫不可，意志磨炼得到家，自然是看着自己应做得事，一点不迟疑，扛起来便做，"虽千万人吾往矣。"这样才算顶天立地做一世人，绝不会有藏头躲尾左支右绌的丑态。这便是意育的目的，要教人做到"勇者不惧"。

我们拿这三件事作做人的标准，请诸君想想，我自己现时做到哪一件——哪一件稍微有一点把握。倘若连一件都不能做到，连一点把握都没有，嗳哟！那可真危险了，你将来做人恐怕做不成。讲到学校里的教育吗，第二层的情育，第三层的意育，可以说完全没有，剩下的只有第一层的知育。就算知育罢，又只有所谓常识和学识，至于我所讲的总体智慧靠来养成根本判断力的，却是一点儿也没有。

这种"贩卖知识杂货店"的育，把他前途想下去，真令人不寒而栗！现在这种教育，一时又改革不来，我们可爱的青年，除了他更没有可以受教育的地方。诸君啊！你到底还要做人不要？你要知道危险呀，非你自己抖擞精神方法自救，没有人救你呀！

诸君啊！你千万别要以为得些断片的智识，就算是有学问呀。我老实不客气告诉你罢：你如果做成一个人，知识自然是越多越好；你如果做不成一个人，知识却是越多越坏。你不信吗？试想想全国人所唾骂的卖国贼某人某人，是有智识的呀，还是没有智识的呢？试想想全国人所痛恨的官僚政客——专门助军阀作恶鱼肉良民的人，是有智识的呀，还是没有智识的呢？诸君须知道啊，这些人当十几年前在学校的时代，意气横历，天真烂漫，何尝不和诸君一样？为什么就会堕落到这样的田地呀？

屈原说："何昔日之芳草兮，今直为此萧艾也！岂其有他故兮，莫好修之害也。"天下最伤心的事，莫过于看着一群好好的青年，一步一步的往坏路上走。诸君猛醒啊！现在你所厌所恨的人，就是你前车之鉴了。

诸君啊！你现在怀疑吗？沉闷吗？悲哀痛苦吗？觉得外边的压迫你不能抵抗吗？我告诉你：你怀疑和沉闷，便是你因不知才会惑；你悲哀痛苦，便是你因不仁才会忧；你觉得你不能抵抗外界的压迫，便是你因不勇才有惧。这都是你的知、情、意未经过修养磨炼，所以还未成个人。我盼望你有痛切的自觉啊！有了自觉，自然会成功。那么，学校之外，当然有许多学问，读一卷经，翻一部史，到处都可以发现诸君的良师呀！

诸君啊，醒醒罢！养足你的根本智慧，体验出你的人格人生观，保护好你的自由意志。你成人不成人,就看这几年哩!

/ 思考 /

1. 梁启超先生壮丽的生命历程与近现代历史交融,这篇演讲应该也是他作为一个伟大的爱国者、思想家的生命观,饱含着他对年轻人的热望。联系当今廉价的让年轻人无感甚至反感的"心灵鸡汤"文章,你觉得两者的区别在哪里? 如果找来关于梁先生的传记做一点研读,你可以有更多更深的体会。

2. 有人认为"成为一个不惑、不忧、不惧的人"是一小部分精英要做的事,有人认为应该是每个人努力的人生目标,你认为呢? 说说你的理由。

/ 荐读 /

如何做人,如何读书,如何面对生活种种……一代代人的生命旅程,总要面对很多相似的问题。大家的演讲之光之所以能穿越时空,在于他们有浩荡的生命智慧做丰厚的底子。纵然时移境迁,仍能强力启迪心灵。打开《成为一个不惑、不忧、不惧的人》这本演讲合集,看,从一句诚恳有力的"诸君"开始,睿智的"演讲"开始了……

书　　名:成为一个不惑、不忧、
　　　　　不惧的人:力透时空
　　　　　的演讲
作　　者:梁启超等
出版信息:北京联合出版公司
　　　　　2016年版

恢复唐以前形体美的标准[①]

罗家伦

/**导读**/ 纵观历史，横比中西，国民的体格关联着文化、精神、民族兴衰。无强健，不成美！

美学是哲学的一部分，美的生活是人类生活的一部分，审美的标准就是人类生活最高尚最优美的一种理想。美学的重要，不但在它把人生的形态和社会的观念哲学化、艺术化、文学化，而尤其在确立它一种生活的理想，使人人于不知不觉中提高生活，一齐朝着这个理想走去。

形体美是美学中最普遍的观念，也是最难表现的观念。西洋形体美的表现方法，有雕刻、图画、文学等等。在希腊时代，雕刻已经发达到登峰造极的地位，不但表现希腊民族美的典型，而且至今还令我们赞叹欣赏。中国的雕刻比较起来不很发达，如云冈龙门的造像，是不可多得的。至于古画存留的，历经丧乱，也渐减少，最古的画恐怕就要算晋朝顾恺之的了，但是也多凭后人的鉴定。因此我们要说明中国历代形体美的标准，只有注重文学方面，尤其是诗歌方面。况且文学诗歌，实最足以代表某一个时代的心理和风尚。

中国民族的体格，本来是雄健优美的，不幸后来渐渐退化，渐渐颓唐。不要说我们的远祖"穴居野处，茹毛饮血"，战胜自然的环境，开辟锦绣的河山，都是靠着伟大坚强的体格，就据有史以后的记载而言，汤高九尺，文王十尺，孔子九尺六寸，哪个不是堂堂正正魁梧威严的仪表？（就说商周

---

① 选自《写给青年：我的新人生观演讲》，中国人民大学出版社 2005 年版。罗家伦（1897—1969），浙江绍兴人，中国近代著名的教育家、思想家和社会活动家。本文写于全面抗战发动之后，系《写给青年》16 讲中的第 5 讲，作者想把自己所认为的中华民族思想、生命中缺少或贫乏的部分特别提出来探讨。

尺比现在的小,无论怎样折合起来,也一定比今人高多了。)至于说到中国的文学,最早的要算《诗经》。《诗经》里面,形容男女形体美的地方,非常之多。《诗经》里面的标准男子,可以公叔段为代表。他是怎样的美呢?"硕人俣俣,公庭万舞,有力如虎,执辔如组。""叔于田,乘乘马,执辔如组,两骖如舞;叔在薮,火烈具举,襢裼暴虎,献于公所,将叔无狃,戒其伤女。"这种力大身强、乘马飞舞的男子,是当时公认为最美的典型男子,所以大家对他的赞扬是"叔于田,巷无居人;岂无居人;不如叔也,洵美且仁!"我们要注意这最后一句,是明明的标出美字来的。《诗经》里面的标准女子,可推庄姜。她的美又是怎样呢!"硕人其颀,衣锦𧝓衣";"硕人敖敖,说于农郊";"华彼侬矣,颜如桃李。"可见她不是娇小玲珑,也不是瘦弱柔靡,而是健伟丰满、端庄流丽的。《诗经》里面的表情诗,描写男女爱情想象中的人物是"有美一人,硕大且卷,寤寐无为,中心悁悁。""有美一人,硕大且俨,寤寐无为,辗转伏枕。"这种抒情恋爱的诗章所表现的,也莫不是伟大壮严的姿态。

这种审美的观念,直到汉朝,都是维持着的。汉武帝的李夫人,将要病死的时候,却不要武帝去看她,原因是她不愿武帝看见她的病容。汉之外戚,名将很多,如西汉的卫青、霍去病、李广利等,东汉的窦宪等,都是横征沙漠、威震殊方的勇士,则他们家庭遗传的体魄,可想而见。东汉的审美的标准,并未降低。《陇西行》中形容的女子是:"好妇出门迎,颜色正敷愉。"所谓"敷愉"正是丰润和悦的象征。汉末魏初也是一样。曹子建的《洛神赋》中寄托的美人是"翩若惊鸿,宛若游龙,容曜秋菊,华茂春松"。惊鸿游龙是何等活泼!秋菊春松是何等饱满!晋朝顾恺之《女史箴》等所画的人物,也都充分表现着健康、硕大、庄重,甚至到了东晋南北朝,标准仍还未变。云岗造像,是北魏伟大的遗留,表现当时形体的标准。"羊侃侍儿能走马,李波小妹解弯弓",都是这时代女子的风尚。就是北齐亡国的君主所恋恋的女子,还是"倾城最在著戎衣",而与君王能再射猎一围的女子。

唐朝是中国的鼎盛时代。那英明神武手创天下的唐高祖唐太宗,其体格之雄健,不问可知。唐朝的标准美人,是文学上形容最多的杨太真。

白居易描写杨太真的美是"芙蓉如面柳如眉"。"环肥"之美是赞颂她身体丰满的健美。"虢国夫人承主恩，平明骑马入金门"，他的姊姊进宫是骑马的，不是坐轿子，坐滑竿儿。不但后妃贵戚如此，宫女也是一样。王建的宫词形容唐朝的宫廷生活最多。他就写道："射生宫女宿红妆，把得新弓各自张。"这种尚武的精神，已成为一时的风气。一个国家在强盛兴旺的时期，不但武功发达，就是民族的体格，也是沉雄壮健，堂皇高大，不是鬼鬼祟祟的样子。

中国民族的衰落，可以说是从宋朝，尤其是从南宋起，特别看得出来。这在文学的表现中，最为明显。宋初的花蕊夫人说孟蜀的灭亡是"十四万军齐解甲，更无一个是男儿。"为什么大军的战士，都不成其为男儿呢？南唐二主的词，更充分表现出当时精神的萎靡与颓唐。李后主的名句是："帘外雨潺潺，春意阑珊，罗衾不耐五更寒。"这种生活情趣，无怪他要"沉腰潘鬓销磨"了。所以他"最是仓皇辞庙日，教坊犹唱别离歌，垂泪对宫娥。"被掳辞庙的日子，不对祖宗牌位痛哭，而反对着宫娥垂泪，不能不佩服他的闲情逸致！到了北宋，徽钦二宗，字虽然写得秀丽，画虽然画得出色，但是他们体格不等到五国城的日子，已经是不行了。北宋晚年秦少游"有情芍药含春泪，无力蔷薇卧晓枝"的女儿诗句，很可作为当时文人的写照。北宋如此，南宋尤甚。文学的作品中，充满了颓废的意味。当时诗人里面，最不受时代空气笼罩的，要推陆放翁。他说："老子犹堪绝大漠，诸君何至泣新亭！"已经不免强作豪语。他是最热烈爱国的人，但是他最后也成为"心如老骥常千里，身似春蚕已再眠"；终究是"关河历历功名晚，岁月悠悠老病侵"。至于宋代的女子呢？中国最大的女词人李清照，对于女子的描写，是"帘卷西风，人比黄花瘦"，过那聂胜琼所形容的"枕前泪共阶前雨，隔个窗儿滴到明"的生活。这真是脆弱愁病到不堪设想的地步了！元是外族，本很强悍，但是强悍的是元朝游牧人种，而不是中原人士。降及明朝，更是不成话说。杨升庵夫人形容的女子，是"眼重眉褪，胆颤心惊，粉香处弱态伶仃"的女子；是"柳腰肢刚一把"的女子；是"多病多愁，相思衣带缓"的女子。至于到"倒金瓶凤头，捧琼浆玉瓯，蹙金莲凤头，颤凌波玉钩，整金钗凤头，露春尖玉手"的时候，这简直是把自己雕琢成男子玩弄的工具了！标准女子是如此，标准的男子呢？她的形容就是"盈盈太瘦生"！这种颓废萎靡的风尚，传到明末，更是变本加厉。中国著名的诗史作家吴梅村，形容明季的临淮将军刘泽清说："临淮游侠起山东，帐下银筝小队红"，又说："纵为房老腰支在，若论军容粉黛工"。这正是所谓"不斗身强斗歌舞"的情形，还打什么仗？"男儿作健酣杯酒，女子无愁发曼声"，这样的社会状况，焉得而不亡国？到了清初，更不必说了。《红楼梦》是形容清初鼎盛时代的家庭生活的一部名著，它里面的标准女子，是大家知道的林黛玉。她美到极顶的地方，就是吐绿痰，可怜肺病害到第三期，这美的标准也就完成了！到清末政治当局和文人的身体，正如梁任公所说："皤皤老成，尸居余气，翩翩年少，弱不禁风。"难道大家能发现还有再好的形容吗？

现在我们一般的体格之坏，真足惊人！举一个特殊的例罢。东四省为什么这样容易失掉？就是因为当时的封疆大员，"不斗身强斗歌舞"。高级将领如此，所以听说下面有一个旅长，每早洗脸，要用八盆脸水，因为不但作种种修饰，还要擦雪花膏。以致师长不敢见旅长，旅长不敢见团长，团长不敢见营长，营长不敢见士兵。"羯竖竟教登玉座，侬家从此阙金瓯"的局面是这样造成的。到"九一八"事变发生的时候，方面统帅还在北平中和园看梅兰芳的"宇宙锋"，左右不敢通报，看完以后还去跳舞。这些事实是历史家不会忘记，也不该忘记的。清朝人咏吴王台的诗云："台畔卧薪台上舞，可知同是不眠人。"是的，大家都是不睡觉的人，但人家不睡觉在生聚教训，而我们不睡觉却在跳舞呀！东四省怎得不丢？！国家焉得不受重大的痛苦？！

体格的衰落，自然反映为精神的颓唐。唐朝的文学，气势是多么旺盛！所谓"文起八代之衰"，也是有由来的。宋朝就差得远了。当时能独立不拔，不为时代的风气所转移的，恐怕只有首推陆放翁的诗和辛稼轩的词吧。后来中国人体格之所以衰弱，原因自然很多，如几次异族的压迫，和一千多年来八股的戕害，小脚的摧残，都是其中最重大的。近百年还有鸦片烟啊！体格衰弱了，精神就跟着堕落。我们现在要振作精神，就非恢复我们唐以前的体格不可，非恢复我们唐以前形体美的标准不可！

　　一个朝代的盛衰,和当局体格的强弱,很有关系。你如不信,就请你看看当年北平古物陈列所影印的一部《历代帝王画像》。凡是开国的帝王,都是身材雄健,气宇轩昂的。看见一代一代的瘦弱下去,到了小白脸出现,那就是末代子孙了。朝代的灭亡,也就在这个时候。汉高祖是隆准龙颜,体格之好不必说;武帝的身体,当然不差。到了成帝就服慎恤膏了。哀帝、平帝,才都是羸弱的病鬼。东汉光武帝和明帝或是百战出身,或是万几不倦。到了冲帝、质帝、桓帝、灵帝、献帝,都和孩提一般,焉得不受宦官的戏弄?焉得不使曹氏父子有取而代之之心?唐高宗和太宗的体魄何等雄健,但到了懿宗、怀宗、昭宗,就渐渐退步。南唐二主不必说。宋朝太祖、太宗,都是武功过于文事的,到了哲宗、徽宗、钦宗,就不对了。至于南宋的理宗、度宗,都真是可怜虫!元太祖、太宗,都是开疆拓土的刚强铁汉,到了泰定帝、文宗、顺帝,也和历朝的帝王一样,清秀柔弱起来,所以一举而被明祖逐诸漠北。明太祖是草莽英雄,成祖是亲提大兵北伐的伟大人物。到了神宗、光宗、熹宗就堕落下去了。福王唐王值得一说吗?清本游牧民族,天命天聪不必说。康熙几次亲率大军,北征沙漠,如果身体不好,定难做到。但到同治、光绪,以至现在的亨利溥仪,个个都是萎靡瘦弱的白面书生,清廷哪得不亡?王荆公曾慨叹的咏道:"霸主孤身取二江,子孙多以百城降。"设如他看见这本历代帝王画像,就可以在里面得到最好的解答。一朝君主体格的好坏,可以象征一个朝代的隆替。难道整个民族身体的强弱,不可以象征一个民族的盛衰?我们要恢复我们民族过去的光荣,首先要恢复我们民族在唐以前形体美的标准!

　　人家国力之强,是有来由的。我从前在德国大学的时候,常和德国学生在一道生活。有一次我看见他们在大学的地室里,把啤酒瓶子在桌上一顿,就击剑比武起来。其中一人,猝不及防,把鼻尖削了下来,但他一点不慌,立刻把这鼻尖含在口里,去找医生缝起来。第二天他的鼻子把白纱布蒙了,仍然照常到校听课,毫无痛苦的表情。这真是所谓古日耳曼(Ur-Germania)的精神!是《尼伯龙根》(Nieblungen)古英雄诗中的气概!所以我常说我情愿看见青年们披着树叶子的衣服,拿着大刀,骑着光马,像我们祖宗一样的在森林原野中驰骋打猎,而不愿看见他们头上滑得倒苍蝇,脚上穿着黑漆皮鞋,再加上一脸的雪花膏,面容惨白的在五光十色的霓虹光下跳舞鬼混! 早送自己进坟墓,连带的送民族到衰亡!

/ 思考 /

1. 读完这篇演讲,让你联想到今天社会中的哪些现象? 你对这些现象想说些什么?

2. 这篇演讲在论述观点时有哪些鲜明的特点?

/ 荐读 /

这是中国现代著名学者、教育家罗家伦先生的一部演讲稿集。在当时内忧外患的艰难时局里,有些年轻人价值观开始崩坏,有的青年陷入迷茫。这部演讲稿集就是针对这种严峻现状而作。新的人生观是活的人生观,是创造的人生观,也是大我的人生观。全书清新、睿智、明快、流畅,处处洋溢着鲜活、向上的气息。正如作者所言,这是"个人用过气力去思想的一点结果","是根据自己的深信,以充分的热忱写出来的"。时至今日,这份深信和热忱依然会启迪、激发新时代的我们,让人警醒,昂扬……

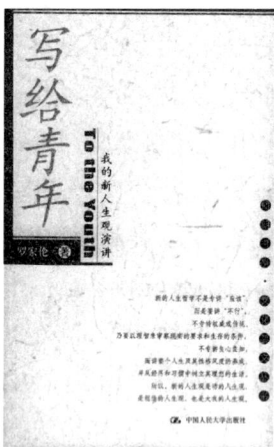

书　　名:写给青年:我的新人生观演讲

作　　者:罗家伦

出版信息:中国人民大学出版社 2005 年版

讲故事的人（节选）①

莫　言

/导读/　在诺贝尔文学奖颁奖礼上，获奖作家莫言在演讲的一开始就用质朴的语言向世界深情地讲起自己的母亲——

尊敬的瑞典学院各位院士，女士们、先生们：

通过电视或网络，我想在座的各位，对遥远的高密东北乡，已经有了或多或少的了解。你们也许看到了我的 90 岁的老父亲，看到了我的哥哥姐姐、我的妻子女儿和我的一岁零四个月的外孙子。但是有一个此刻我最想念的人，我的母亲，你们永远无法看到了。我获奖后，很多人分享了我的光荣，但我的母亲却无法分享了。

最痛苦的事是目睹母亲被人扇耳光

我母亲生于 1922 年，卒于 1994 年。她的骨灰，埋葬在村庄东边的桃园里。去年，一条铁路要从那儿穿过，我们不得不将她的坟墓迁移到距离村子更远的地方。掘开坟墓后，我们看到，棺木已经腐朽，母亲的骨殖，已经与泥土混为一体。我们只好象征性地挖起一些泥土，移到新的墓穴里。也就是从那一时刻起，我感到，我的母亲是大地的一部分，我站在大地上的诉说，就是对母亲的诉说。

我是我母亲最小的孩子。

---

①　选自《莫言了不起》，刘再复著，东方出版社 2013 年版。莫言，原名管谟业，1955 年出生于山东高密，中国现代作家，2012 年诺贝尔文学奖获得者，是第一个获得诺贝尔文学奖的中国籍作家，著有《红高粱家族》《檀香刑》《生死疲劳》《蛙》等。本文系作家莫言于 2012 年 12 月 7 日在瑞典学院诺贝尔文学奖颁奖礼上发表的文学演讲的部分内容。

我记忆中最早的一件事，是提着家里唯一的一把热水壶去公共食堂打开水。因为饥饿无力，失手将热水瓶打碎，我吓得要命，钻进草垛，一天没敢出来。傍晚的时候我听到母亲呼唤我的乳名，我从草垛里钻出来，以为会受到打骂，但母亲没有打我也没有骂我，只是抚摸着我的头，口中发出长长的叹息。

我记忆中最痛苦的一件事，就是跟随着母亲去集体的地里捡麦穗，看守麦田的人来了，捡麦穗的人纷纷逃跑，我母亲是小脚，跑不快，被捉住，那个身材高大的看守人扇了她一个耳光，她摇晃着身体跌倒在地，看守人没收了我们捡到的麦穗，吹着口哨扬长而去。我母亲嘴角流血，坐在地上，脸上那种绝望的神情我终生难忘。多年之后，当那个看守麦田的人成为一个白发苍苍的老人，在集市上与我相逢，我冲上去想找他报仇，母亲拉住了我，平静地对我说："儿子，那个打我的人，与这个老人，并不是一个人。"

我记得最深刻的一件事是一个中秋节的中午，我们家难得地包了一顿饺子，每人只有一碗。正当我们吃饺子时，一个乞讨的老人来到了我们家门口，我端起半碗红薯干打发他，他却愤愤不平地说："我是一个老人，你们吃饺子，却让我吃红薯干。你们的心是怎么长的？"我气急败坏地说："我们一年也吃不了几次饺子，一人一小碗，连半饱都吃不了！给你红薯干就不错了，你要就要，不要就滚！"母亲训斥了我，然后端起她那半碗饺子，倒进了老人碗里。

我最后悔的一件事，就是跟着母亲去卖白菜，有意无意的多算了一位买白菜的老人一毛钱。算完钱我就去了学校。当我放学回家时，看到很少流泪的母亲泪流满面。母亲并没有骂我，只是轻轻地说："儿子，你让娘丢了脸。"

我十几岁时，母亲患了严重的肺病，饥饿、病痛、劳累，使我们这个家庭陷入了困境，看不到光明和希望。我产生了一种强烈的不祥之兆，以为母亲随时都会自寻短见。每当我劳动归来，一进大门就高喊母亲，听到她的回应，心中才感到一块石头落了地。如果一时听不到她的回应，我就心惊胆战，跑到厨房和磨坊里寻找。有一次找遍了所有的房间也没有见到母亲的身影，我便坐在院子里大哭。这时母亲背着一捆柴草从外边走进来。她对我的哭很不满，但我又不能对她说出我的担忧。母亲看到我的心思，她说："孩子你放心，尽管我活着没有一点乐趣，但只要阎王爷不叫我，我是不会去的。"

我喜欢讲故事，名字"莫言"像讽刺

我生来相貌丑陋，村子里很多人当面嘲笑我，学校里有几个性格霸蛮的同学甚至为此打我。我回家痛苦，母亲对我说："儿子，你不丑，你不缺鼻子不缺眼，四肢健全，丑在哪里？而且，只要你心存善良，多做好事，即便是丑，也能变美。"后来我进入城市，有一些很有文化的人依然在背后甚至当面嘲弄我的相貌，我想起了母亲的话，便心平气和地向他们道歉。

我母亲不识字，但对识字的人十分敬重。我们家生活困难，经常吃了上顿没下顿。但只要我对她提出买书买文具的要求，她总是会满足我。她是个勤劳的人，讨厌懒惰的孩子，但只要是我因为看书耽误了干活，她从来没批评过我。

有一段时间，集市上来了一个说书人。我偷偷地跑去听书，忘记了她分配给我的活儿。为此，母亲批评了我。晚上，当她就着一盏小油灯为家人赶制棉衣时，我忍不住把白天从说书人听来的故事复述给她听，起初她有些不耐烦，因为在她心目中，说书人都是油嘴滑舌、不务正业的人，从他们嘴里冒不出什么好话来。但我复述的故事，渐渐地吸引了她，以后每逢集日，她便不再给我排活，默许我去集上听书。为了报答母亲的恩情，也为了向她炫耀我的记忆力，我会把白天听到的故事，绘声绘色地讲给她听。

很快的，我就不满足复述说书人讲的故事了，我在复述的过程中，不断地添油加醋，我会投我母亲所好，编造一些情节，有时候甚至改变故事的结局。我的听众，也不仅仅是我的母亲，连我的姐姐、我的婶婶、我的奶奶都成为我的听众。我母亲在听完我的故事后，有时会忧心忡忡地，像是对我说，又像是自言自语："儿啊，你长大后会成为一个什么人呢？难道要靠耍贫嘴吃饭吗？"

我理解母亲的担忧，因为在村子里，一个贫嘴的孩子，是招人厌烦的，有时候还会给自己和家庭带来麻烦。我在小说《牛》里所写的那个因为话多被村子里厌恶的孩子,就有我童年时的影子。我母亲经常提醒我少说话,她希望我能做一个沉默寡言、安稳大方的孩子。但在我身上,却显露出极强的说话能力和极大的说话欲望,这无疑是极大的危险,但我说故事的能力,又带给了她愉悦,这使她陷入深深的矛盾之中。

俗话说"江山易改,本性难移",尽管有我父母亲的谆谆教导,但我并没有改掉我喜欢说话的天性,这使得我的名字"莫言",很像对自己的讽刺。

/ 思考 /

1. 联系题目与演讲场合,说说莫言为什么先满怀深情地讲起自己的母亲。

2. 母亲对莫言小时候那么热衷于讲故事是怀着担忧的,她担忧什么?但莫言最终还是成了"讲故事的人",想想母亲的担忧可能给莫言后来创作带来什么影响。

/ 荐读 /

读大作家的作品,很自然地会让我们对与他创作相关的种种产生许多好奇,作品有着怎样的创作过程,他自己怎么看待自己的作品,怎样看待作品里的人物,家乡高密与他创作有什么关系,什么是好的小说,他的创作营养从哪里来……这本演讲创作集就可以揭开神秘面纱的一角,从这里你一定会悟到不少演讲和写作奥秘,对人世社会有更多的认识……

书　名:恐惧与希望:演讲创作集

作　者:莫言

出版信息:海天出版社 2017年版

地球在转动①

伽利略·伽利雷

/导读/　地球是圆的,地球在转动,今天没人会怀疑这一点。然而,中世纪的科学家却要顶着巨大的压力,坚持斗争,甚至付出了生命的代价。

　　昨天我们决定在今天碰头,把那些自然规律的性质和功用谈谈清楚,并且尽量地谈得详细一点。关于自然规律,到目前为止,一方面有拥护亚里士多德和托勒密立场的人提出的那些,另一方面还有哥白尼体系的信徒提出的那些。由于哥白尼把地球放在运动的天体中间,说地球是像行星一样的一个球,所以我们的讨论不妨从考察逍遥学派攻击哥白尼这个假设不能成立的理由开始,看看他们提出些什么论证,论证的效力究竟多大。

　　在我们的时代,的确有些新的事情和新观察到的现象,如果亚里士多德现在还活着的话,我敢说他一定会改变自己的看法。这一点我们从他自己的哲学论述方式上,也会很容易地推论出来,因为他在书上说天不变等等,是由于没有人看见天上产生过新东西,也没有看见什么旧东西消失,言下之意,他好像在告诉我们,如果他看见了这类事情,他就会作出相反的结论;他这样把感觉经验放在自然理性之上是很对的。如果他不重视感觉经验,他就不会根据没有人看见过天有变化而推断天不变了。

　　如果我们是在讨论法律上或者古典文学上的一个论点,其中不存在

---

　　①　选自《演讲经典99》,石川、林郁选评,山东人民出版社2012年版。伽利略·伽利雷(Galileo Galilei,1564—1642),意大利数学家、物理学家、天文学家,科学革命的先驱,近代实验科学的奠基人之一。本演讲为伽利略1632年发表的《关于两种世界体系对话》中的部分内容。

什么正确和错误的问题,那么也许可以把我们的信心寄托在作者的信心、辩才和丰富经验上,并且指望他在这方面的卓越成就能使他把他的立论讲得娓娓动听,而且人们不妨认为这是最好的陈述。但是自然科学的结论必须是正确的、必然的,不以人们的意志为转移的,我们讨论时就得小心,不要使自己为错误辩护;因为在这里,任何一个平凡的人,只要他碰巧找到了真理,那么1 000个狄摩西尼和1 000个亚里士多德都要陷于困境。所以,辛普利邱,如果你还存在着一种想法或者希望,以为会有什么比我们有学问得多、渊博得多、博览得多的人,能够不理会自然界的实况,把错误说成真理,那你还是断了念头吧。

亚里士多德承认,由于距离太远很难看见天体上的情形,而且承认,哪一个人的眼睛能更清楚地描绘它们,就能更有把握地从哲学上论述它们。现在多谢有了望远镜,我已经能够使天体离我们比离亚里士多德近三四十倍,因此能够辨别出天体上的许多事情,都是亚里士多德所没有看见的;别的不谈,单是这些太阳黑子就是他绝对看不到的。所以我们要比亚里士多德更有把握地对待天体和太阳。

某些现在还健在的先生们,有一次去听某博士在一所有名的大学里演讲,这位博士听见有人把望远镜形容一番,可是自己还没有见过,就说这个发明是从亚里士多德那里学来的。他叫人把一本课本拿来,在书中某处找到关于天上的星星为什么白天可以在一口深井里看得见的理由。这时候那位博士说:"你们看,这里的井就代表管子;这里的浓厚气体就是发明玻璃镜片的根据。"最后他还谈到光线穿过比较浓厚和黑暗的透明液体使视力加强的道理。

实际的情形并不完全如此。你说说,如果亚里士多德当时在场,听见那位博士把他说成是望远镜的发明者,他是不是会比那些嘲笑那位博士和他那些解释的人,感到更加气愤呢?你难道会怀疑,如果亚里士多德能看到天上的那些新发现,他将改变自己的意见,并修正自己的著作,使之能包括那些最合理的学说吗?那些浅薄到非要坚持他曾经说过的一切话的鄙陋的人,难道他不会抛弃他们吗?怎么说呢?如果亚里士多德是他们所想象的那种人,他将是顽固不化、头脑固执、不可理喻的人,一个专横的人,把一切别的人都当作笨牛,把他自己的意志当作命令,而凌驾于感觉、经验和自然界本身之上。给亚里士多德戴上权威和王冠的,是他的那些信徒,他自己并没有窃取这种权威地位,或者据为己有。由于披着别人的外衣藏起来比公开出头露面方便得多,他们变得非常怯懦,不敢越出亚里士多德一步;他们宁可随便地否定他们亲眼看见的天上那些变化,而不肯动亚里士多德的天界一根毫毛。

/ 思考 /

1. 这篇演讲发表后的第二年,伽利略就被罗马教廷圣职部判罪管制,最终迫害致死。想一想:他发表这篇演讲时会用怎样的语气、语调?为什么要用这样的语气、语调?

2. 请将这篇演讲里提到亚里士多德之处画出来,然后串联在一起,看看自己有什么发现,再想一想伽利略这样说有什么好处。

/ 荐读 /

阅读演讲稿,是一件有趣的事情,需要读者发挥想象力,联系背景,构想出演讲的情境,再想象演讲人当时的表现,让自己身临其境般感受演讲的魅力。这本《演讲经典 99》就提供给读者获得这种阅读乐趣的可能。这里荟萃了古今中外 85 位名家的 100 篇演讲稿,每篇后都有对演讲人与演讲背景的介绍,还有对演讲特色与风格的简要点评,让读者"知其然",更"知其所以然",读得更专业,更享受。

书　　名:演讲经典 99
选　　评:石川、林郁
出版信息:山东人民出版社
2012 年版

永不屈服^①

温斯顿·丘吉尔

/导读/　丘吉尔以气势磅礴、铿锵有力的演讲,鼓励英国人民不畏强敌、共克时艰,以百折不挠的斗争精神将反抗德国法西斯的斗争进行到底。

上次我接受你们校长的友好邀请来到这里,唱了几首我们自己的歌曲来鼓励自己,也振奋了一些朋友的心灵,那时距离现在已经快有一年的时间了。在过去的十个月里,世界上发生了许多非常可怕的灾难事件——各种跌宕起伏和不幸——但是今天下午在座的各位,在这个十月的下午,谁能不对过去那段时间里发生的事情充满感激,谁又能不为我们祖国和故乡的地位的极大提高而深怀谢意?为什么?因为上次在这里的时候我们孤军奋战,极其孤单,而且那种状况持续了五、六个月。当时我们的装备非常差。我们现在的装备不那么差;但是那时的装备确实很差。我们经历过敌人巨大的威胁,还有敌人对我们的空袭,你们也曾经历过这种袭击;经过这么长时间的平静而没有任何特殊的事情发生,我想你们也开始变得按捺不住了吧!

但是我们必须学会既要善于处理急切而尖锐的事情,也要善于应付长期而棘手的事情。人们普遍认为英国人到最后会做得很好。他们不希望危机一个接着一个;他们也不希望每天都有崇高的斗争机会;但当他们慢慢地下定决心要去做一些事情,并推进和完成一些工作的时候,那么,

---

①　选自《改变世界的精彩演讲:拯救英国的丘吉尔》,江涛、邝丹主编,石油工业出版社 2010 年版。温斯顿·丘吉尔(Winston Churchill,1874—1965),英国政治家、演说家、作家,两度出任英国首相。本文为丘吉尔在"二战"期间于 1941 年 10 月 29 日访问母校哈罗公学时所做的演讲。

即使这可能要花费数月时间——甚至数年时间——他们也会去做。

让我们的思绪回到 10 个月前和现在这里召开的会议上，我认为我们应该吸取另一个教训：表象通常是具有欺骗性的，就像吉卜林·威尔所说的，我们必须"……面对胜利和灾难。并且同等对待这两个骗子"。

你不能从表象来判断事情的进展状况。有时候想象力会使得事情远比实际情况糟糕；但没有想象力又做不了什么事情。充满想象力的人可能会看到比实际存在的更多的危险；当然比会发生的事情要多很多；但他们也必须祈祷有额外的勇气来承担这深远的想象力。然而对每个人来说，当然地，我们这段时间里遭受的一切——我正以我自己的身份向学校致辞——我们从这十个月的时间里得到了这个教训：永不屈服，永不屈服，绝不，绝不，绝不，绝不——任何事情，无论巨细，无论重要与否——绝不屈服，除非是屈服于荣誉的信念和理智。绝不向武力屈服；绝不向敌人绝对的压倒性的力量屈服！我们一年前在这里孤军奋战，很多国家认为我们被打垮了，我们彻底失败了。我们所有的传统、校歌、我们的校史、这个国家的这段历史，全部都已经结束并被清理一空了。

但是今天的形势与以往大不相同。其他国家认为，英国已经被彻底摧毁。但其实我们是在独当难局。我们毫不畏缩，也没有丝毫投降的想法；我们发现自己正处于这样一种境况，那就是我们确信我们只需要坚持不懈就一定能够战胜一切，尽管这在我们岛国之外的人看来几乎是个奇迹，而我们自己对此从未怀疑过。

你们在这里唱了校歌：你们还专门为我唱了一首歌，这首歌高度地赞颂了我，而且你们今天还唱了两遍。但是其中有个词我想修改一下——我去年就想这么做，但没敢去尝试。原来的歌词是这样的："即使在更加黑暗的日子里，我们的赞美也不会减少。"

我征得校长的同意将"黑暗"改成了"严酷"。"即使在更加严酷的日子里，我们的赞美也不会减少。"

我们不要谈黑暗的日子；我们宁愿说严酷的日子。这些不是黑暗的日子；这些是伟大的日子——我们国家有史以来最伟大的日子；我们需感谢上帝允许我们每个人都能坚守自己的岗位，并在我们民族的这段历史中贡献自己的力量,使它变成一段值得纪念的时光。

/ 思考 /

1. "丘吉尔成熟的演说,目的敏捷准确,内容壮观动人。犹如一股铸造历史环节的力。"请你就本篇演讲,谈谈丘吉尔演讲的主要目的和内容是什么? 他的演讲又具有怎样的伟力?

2. 丘吉尔炉火纯青的演讲才能和高超的写作技巧在修辞手法的运用上充分体现出来,试举几句修辞运用的范例,跟同学交流阅读感受。

/ 荐读 /

在这部自传中,丘吉尔述说他的青少年时代,介绍自己从婴儿、学童成长为一名军校学员、少尉军官、战地记者,最终成为一名年轻的政治家的历程。"书中,我尽力把我的各个年龄阶段相应的看法和观点展示给读者。"这样一位20世纪重要的政治领袖,在小的时候差不多是一个问题少年;作为骑兵军官,他也并不完全称职。但丘吉尔"不放弃、不放弃、决不放弃"的坚毅性格在自传中得到淋漓尽致的展现,这样的个性最终使他成为伟大的政治家。读这部自传,你一定会受到极大的鼓舞。

书　　名:我的早年生活——
　　　　丘吉尔自传
作　　者:[英]温斯顿·丘吉尔
译　　者:王惠
出版信息:中译出版社 2017 年
　　　　版

《君特,内心的懒猪狗:魅力演讲》四篇[①]

史蒂芬·弗雷德里希

/导读/ 君特,内心的那只懒猪狗,对于如何成为一位优秀的演讲者不明所以。一个优秀的演讲者应该具备哪些能力呢? 这些能力怎么形成呢?

优秀的演讲者

一个优秀的演讲者应该具备哪些能力呢?

"一个优秀的演讲者应该有能力让大家愿意倾听他讲话,应该让人着迷,有魅力,让人相信他讲的内容,还要能简单明了地总结出其他人谈话的要点。总之,他在演讲方面一定是有天赋的,跟我们可不一样……"君特说。

没错,演讲确实需要一定的天赋,但是演讲内容对于一个优秀的演讲者来说也是至关重要的。演讲者应该能够讲出一些重要的内容,并且让所有人都理解他的意图。

"胡说!"君特不服气地说,"天赋才是最重要的!"天赋究竟是什么呢? 君特想了想,说:"演讲的天赋就是能够不假思索就脱口而出,同时还能做到语言优美顺畅……"那么这种能力是如何形成的呢?

君特,我们通常所说的精彩的演讲,首先要能调动起听众的感官,比如,听觉、视觉和触觉;此外,还要会动用一些手段,比如,语言、声音、手

---

① 选自《君特,内心的懒猪狗:魅力演讲》,边文君、钟明星译,吉林出版集团有限责任公司 2011 年版。史蒂芬·弗雷德里希,德国医学博士、畅销书作家、著名演说家,君特形象缔造者。他创办的"空中工厂"与"懒猪狗"两大教学网站在德国极为成功。

势、表情，自身的情绪，自己对演讲题目的浓厚兴趣，以及演讲的内容结构和好的展示方法，来调动现场气氛。这样做，尽管演讲内容没有什么特别之处，但听众的情绪会被演讲者的"天赋"所感染。

演讲者的语言表达和声音

"这么说，这些天赋都是可以通过学习得来的了？"君特惊讶了。

那是当然的！虽然就演讲而言，每个人都有着各自不同的能力，但演讲的能力还是可以通过训练得以提高。例如，演讲者的语言，要尽量做到大众化，让每个人都能够理解，没有所谓的行话、专业术语，没有其他生僻难懂的词汇。语言的表达应该清晰，生动，贴合听众，能够引起所有听众的兴致。演讲者的语言应该尽可能简短，避免使用冗长、复杂的句子，只有这样，才会给听众以愉悦的感受，产生共鸣，达到演讲的目的。

演讲的声音应该恰到好处，尽量做到音量、力度适中，使每位听众都能够清晰地听到，而且要让人听起来觉得舒服；此外，演讲者要做到音调优美、悦耳，语调有节奏、抑扬顿挫，不要让听众觉得单调和乏味。演讲者的语言表达要尽可能流畅，语速应该根据不同的听众与场合需求加以改变，但切记不可以过快或者过慢，并且要有适当的停顿。除此之外，演讲要做到轻松自如，听起来自然、流畅。

肢体语言

除了口语表达，另一个重要的方面是演讲者的肢体语言。演讲者需要将肢体语言同口头语言所要表达的内容一同传达给听众，这一点也同样重要。演讲者可以配合演讲内容做一些相应的动作，通过这些动作来突出强调某一要点，不过要注意动作不要过于夸张和做作，那样会让人反感。

肢体语言要从容自然。演讲者一定不要僵硬地站在那里，更不要反复地做同一个动作，那样会让人情绪烦躁。演讲者应该笔直地站好，绝对不能把手插在口袋里，否则会给人以不严肃、不端正的印象。演讲者的面部表情应该生动、亲切，不呆板生硬。

演讲者的内心情感会通过肢体语言和面部表情传达出来,因此它们与所演讲的内容密切相关。通过这些肢体语言,人们会较快地领会到演讲者所讲内容及其重要性。相比之下,一场鼓舞人心的演讲和一场为了完成上司安排的任务性演讲,人们一定喜欢前者,那种为了完成某种任务而进行的演讲只能让人兴致全无,以致全场鼾声四起,无人倾听。

活生生的听众

"唉!"君特叹了一口气,"我能不把听众放在眼里吗?"

你是说把眼睛闭上还是把你的目光移走? 当然不能这样,因为听众才是你演讲的目标。听众不是一堆灰色的可以自动收听演讲的机器。他们是各个不同个体的集合体,他们与机器的最大区别就是,他们是有血有肉的个体,他们会呼吸,有视觉、听觉、触觉,而且真实地存在着。这一点在演讲前你一定要清楚地认识到。

仔细地看一看,那些人坐在你的台下! 你的听众是什么样的人? 长什么样子? 他们在注视着你吗? 他们期待你的演讲吗? 他们是兴致勃勃还是表现得比较冷漠? 他们是否在相互闲聊着? 他们是全部清醒的,还是已经昏昏欲睡了? 他们喜欢你吗? 他们是不是觉得你很愚蠢?

"哦,不! 没人会认为我愚蠢的!"

如果你不想给人这样的印象,就注意一下你的修辞和用语,把最贴切最美的话传递给听众,并且和他们保持互动,最好是和每一个人都如此。因为有非常多的人在注视着你! 你要缓慢移动目光,环视整个听众席,尽可能地发觉听众的真感情。你可以直接同认真听你说话的人对话,不要自言自语或是在嘴里嘟哝,而要让所有的听众都能清楚地听到!

/ 思考 /

1. 一位优秀的演讲者应该怎样将肢体语言同口头语言所要表达的内容一同传达给听众? 又如何与听众形成良性互动?

2. 本文所提到的演讲要点与八下课本第四单元有不少相似之处,但表达形式却大不一样。就表达形式而言,你更喜欢哪一种? 为什么?

/ 荐读 /

《君特，内心的懒猪狗：魅力演讲》通过"君特"这一可爱的长着猪嘴狗身的卡通形象，以100幅漫画分别配上100篇连续的短文，就如何克服内心恐惧、提升演讲能力，为我们提供了很多值得参考的建议和方法，让我们爱上演讲、学会演讲。君特，内心的懒猪狗，形象地"代言"人性的消极面：懒惰、胆怯、散漫……作者用这种新奇、巧妙的比喻方式温柔地鞭策我们，使我们在演讲练习过程中收获成长，内心变得强大。

书　名：君特，内心的懒猪
　　　　狗：魅力演讲
作　者：[德]史蒂芬·弗雷
　　　　德里希
绘　图：[德]蒂姆·沃茨
译　者：边文君、钟明星
出版信息：吉林出版集团有限
　　　　　责任公司2011年版

第五单元

婀娜河上的美丽项链

芙蓉城[①]

罗念生

/导读/ 喜欢一座城,是因为她的山光水色,是因为她的风土人情,是因为她的气质品格,是因为她的"文艺精英"……

燕京城像一个武士,虽是极尽雄壮与尊严,但不免有几分粗鲁与呆板;芙蓉城像一个文人,说不尽的温文,数不完的雅趣。芙蓉城的地基相传是西王母大发慈悲,用香灰在水面炼成的:城中从来不敲五更,因为敲了便会沉没;不信,掘地三尺便可见水,好像历城一样到处都是水源。这城在一个高原的盆地中央,四围环绕着"翁郁千山峰"。西望灌县的雪岭犹如在瑞士望阿尔卑斯山的雪影一般光洁。春天来时,山上的积雪融化了,洪水暴发,流到一个极大的堰内;堰边筑着一道长堤,防范这水泛滥。这堤比黄河的堤防还更坚实,还更紧要,特派一员县令治理;倘若疏心一点,那座城池顷刻就会变作汪洋。堰内的水力比起奈阿格拉瀑布的还强:磨成水电,全省可以不烧柴炭。从这堰口分出几十支河流,网状般荟萃在岷沱二江,芙蓉城就在这群水的中央。谷雨时节,堤边开放一道水门,让清亮的雪水流下盆地给农家灌溉。这些农田多是方方块块的,有古井田的遗风,也就像我们顶新派诗人的"整齐主义"一样美。这儿的土壤很肥沃,一年计有三次收获;今天割了麦,明天便插秧,眼见黄金换成翡翠。这儿也许冷,但冷的不让结冰;也许吹风,但不准沙石飞扬;也许有尘埃,但不致污秽你的美容;这儿云多,云多是这儿的光彩:"锦屏云起易成霞",所以南边的邻省叫做"云南"。

[①] 选自《读城记》(稍有改动),陈益民编,天津人民出版社2011年版。罗念生(1904—1990),原名懋德,四川省威远县人,中国著名的学者、教授,在古希腊文学的翻译和研究领域,有杰出的贡献。

"蜀先人肇自人皇"。在很古时代,就有人想到西方的"古天府";但那时无路可通,"秦开蜀道置金牛",才辟了一条"金牛道"。后来发现了西方有灵气,"大耳儿"据了芙蓉城南面称尊;至今少城内还遗存一座金銮宝殿,恍惚京师的太和殿一般尊严华丽。不久,又有一位风流皇帝在马嵬驿抛了爱妃,逃到"天回镇":他望见那儿有一团异氛,忙命太子返旆兴师;自己却跑到芙蓉城乐享天年。

芙蓉城对穿九里半,周绕四十里。从孟昶开端,城上遍植芙蓉,硕美鲜艳。"二十四城芙蓉花,锦官自昔称繁华"。中央有少城,也有一座煤山。西南角石牛寺旁有块"支机石",高与人齐,略带青紫,相传是织女的布机坠下人间;还有一块尖锐的"天涯石",生在宝光寺,象征远行人的壮志。城中古迹要数文翁兴学的"石室",君平算命的卜肆,杨雄的"子云亭"和他抄《太玄经》的洗墨池。

西郊外可寻访相如的古琴台,在市桥西岸,也就是文君当炉涤器的地方。北门外可望凤凰山,满生着青蔚的梧桐。山旁有驷马桥,相如当日豪语道:"不乘高车驷马,不过此桥。"附近有昭觉寺,寺大僧多,古柏苍翠。明代的"和尚天子"曾在那儿选高僧辅佐诸王,可知名器的隆重了。

东关外有望江楼,不亚于黄鹤楼的举目空旷:前人有半边对子,缺少下联:"望江楼,望江流,望江楼上望江流,江楼千古,江流千古"。旁有一口古井,每个名士,每个游人都要取点井水来品尝:因为多才多色的薛涛的香魂潜没在井中,所以这水就香艳名贵了。江上顶好玩是端午的龙舟竞渡:名士、美人、观客,重重叠叠聚在江边;耳听火炮一响,龙舟鸣金击鼓奔向彩舫;忽然一只酒醉的水鸭从舫上飞下,群龙怎样奋勇也擒不住它。江水流到峨嵋山麓,转变黑了,特产一种美味的墨鱼,相传东坡洗砚台染黑了的。

南郊不远就到武侯祠。祠有几抱大的古柏,传说是孔明亲手植的,恍惚像孔林的枯桧。这老柏有些灵怪,不逢盛世,不发青枝。祠内竹林修茂,气象森威;先帝的衣冠坟像一个山头,横斜着楠木几本。正殿上有副匾联:"三分割据纡筹策,万古云霄一羽毛。"殿旁古式的草亭里存放着空城计弹用的古弦琴,亭周题满了名句,还记得几字:"问先生所弹何调,居然退却十万雄兵?"想司马氏见了,当如何懊恼。到如今依然祭祀隆重,时有过客瞻拜。庙宇重修,正梁是千里外运来的一根"乌木"。

南门口有一道长拱的石桥,很像颐和园的十七洞桥。"万里桥西一草堂",逆流西上,行过很长的芦花小径,直通"草堂寺"。寺门很古雅,两旁题着"花径不曾缘客扫,蓬门今始为君开",你见了也必心中荣幸,充满了无边的诗意。石砌上的苔痕,垣墙外的野草,虬干的古梅,清幽的竹径,都是杜公从前的诗料。堂前有一方很深的池塘,塘内养着许多鱼鳖,有的白鲤已长到"丈大丈长"。如果你抛下一块面饼,那些鱼会成团起来吞食,嘴皮伸到水面有茶碗样大,吞起东西来"通通"地响。一个暮春晚上,杜公在池畔吟诗未成,忽觉青蛙叫得烦腻,他用朱笔在蛙的头上点了一点,封它到十里外去唤"哥哥",所以如今草堂寺的青蛙头上有一点红痣。逢到四月十九"浣花节",你可邀约良朋,泛舟到草堂,摆一台"浣花宴",醉酒赋诗,极尽雅人雅事。

出寺不远就到百花潭,又叫浣花溪。水涯竹木丛生,天然幽韵。这溪水用来濯锦,格外鲜明,薛涛曾取这水制造十色笺。"百花潭水即沧浪",后人因爱慕这名句,在溪边的柏林里年年春天举办"花朝会"。全省的花卉宝器都送到那儿赛会,远近的人都爱到那儿观赏。城内的戏园、茶社、酒肆、商场,和音乐、武艺、球戏等娱乐都移到花会去。见天有成千成万的游客观花玩景:会场内笑声与管弦合奏,美色与名花斗艳。妇女们更有别样的心事,进青羊宫道院去摸弄青羊,许下求嗣的心愿。你高兴可以到处游玩,有何首乌,有灵芝草,江安的竹器,精巧玲珑,峨山的"峨尖",清甜适口。倦了,你踏进酒家酌饮几杯,别忘了当炉的美人。醉后,你醺醺的在十里花圃中息芳香,看美色,这艳福几生修到!

芙蓉,你的自然美妙,你的文艺精英,我还不曾描出万一。愿你永葆天真,永葆古趣,多发几片绿叶,多开几朵鲜花;别给楼高车快的文明将你污秽了,芙蓉!

　　自跋:我有次乘驴到西山踏雪,那位驴夫从戎游过四川,他频频向我赞叹蜀中风景:"喝,那才是真山真水啦!……呵唷唷！……先生，北京简直不成，……你瞧，那雪里的西山还不是那笨头笨脑的，一点儿也不秀气。……呵唷唷！……我这辈子再也别想进川了。……喝，那才是真山真水啦！……"这是驴夫随心吐出的诗话，我因想起蜀中的风物值得介绍。昨晚梦归故乡，见几对鹭鹚在妩媚的江边觅食，心中莫名的高兴，起来便写就这文。

/ 思考 /

1. 这是作者 1934 年发表的文章，距今已八十余年了。回看当年的蓉城成都，想想文章最后一句"别给楼高车快的文明将你污秽了，芙蓉"，你会作何感想？

2. 有些文集在选录此文时删掉了结尾的"自跋"。对此你有何看法？

/ 荐读 /

有这么一本书，里面的每一篇都描述着近百年前的某个地方的风景；有这么一本书，里面记录着当时文人们踏山访水的足印。翻看读一读，既可以学习游记的写法，还可以抚今思昔地回看当年的风物。也许，这些文章读起来不那么轻快，就像编者所形容的，都是一些"悲凉时代的芒花"，但读后会给人别样的感动，让人欢喜于心。

读城记

书　　名：读城记
编　　者：陈益民
出版信息：天津人民出版社
　　　　　2011 年版

风雨天一阁^①

余秋雨

/导读/　满目疮痍的历史背后，也许你会看到那动人的文化坚守、传承与良知……

一

已经决定，明天去天一阁。

没有想到，这天晚上，台风袭来，暴雨如注，整个宁波城都在柔弱地颤抖。第二天上午来到天一阁时，只见大门内的前后天井、整个院子，全是一片汪洋。打落的树叶在水面上翻卷，重重砖墙间透出湿冷冷的阴气。

是宁波市文化局副局长裴明海先生陪我去的。看门的老人没想到局长会在这样的天气陪着客人前来，慌忙从清洁工人那里借来半高筒雨鞋要我们穿上，还递来两把雨伞。但是，院子里积水太深，才下脚，鞋筒已经进水，唯一的办法是干脆脱掉鞋子，挽起裤管蹚水进去。

本来浑身早已被风雨搅得冷飕飕的了，赤脚进水立即通体一阵寒噤。就这样，我和裴明海先生相扶相持，高一脚低一脚地向藏书楼走去。

我知道天一阁的分量，因此愿意接受上苍的这种安排，剥除斯文，剥除悠闲，脱下鞋子，卑躬屈膝，哆哆嗦嗦，恭敬朝拜。今天这里没有其他参观者，这个朝拜仪式显得既安静，又纯粹。

二

作为一个藏书楼，天一阁的分量已经远远超过它的实际功能。它是

---

①　选自《文化苦旅》，长江文艺出版社 2014 年版。余秋雨，浙江省余姚人，中国现代文化学者、作家、散文家，著有《文化苦旅》《山居笔记》《霜冷长河》等。

一个象征,象征意义之大,不是几句话所能说得清楚的。

人类成熟文明的传承,主要是靠文字。文字的选择和汇集,就成了书籍。如果没有书籍,那么,我们祖先再杰出的智慧、再动听的声音,也早已随风飘散,杳无踪影。大而言之,没有书籍,历史就失去了前后贯通的缆索,人群就失去了远近会聚的理由;小而言之,没有书籍,任何个体都很难超越庸常的五尺之躯,成为有视野、有见识、有智慧的人。

中国最早发明了纸和印刷术。书,已经具备了一切制作条件的书,照理应该大量出版、大量收藏、大量传播。但是,实际情况并不是这样,它遇到了太多太多的生死冤家。

例如,朝廷焚书。这是一些统治者为了实行思想专制而采取的野蛮手段。可叹的是,早在纸质书籍出现之前,焚书的传统已经形成,那时焚的是竹简、木牍、帛书。自秦始皇、李斯开头,隋炀帝、蔡京、秦桧、明成祖都有焚书之举,更不必说清代文字狱的毁书惨剧了。

又如,战乱毁书。中国历史上战火频频,逃难的人要烧书,占领的人也要烧书。史籍上出现过这样的记载:董卓之乱,毁书六千余车;西魏军攻破江陵时,一日之间焚书十四万卷;隋朝末年农民起义,焚书三十七万卷;唐朝末年农民起义,焚书八万卷……

再如,水火吞书。古代运书多用船只,汉末和唐初都发生过大批书籍倾覆在黄河中的事件。大水也一次次地淹没过很多藏书楼。比水灾更严重的是火灾,宋代崇文院的火灾,明代文渊阁的火灾,把皇家藏书烧成灰烬。至于私家藏书毁于火灾的,更是数不胜数。除水火之外,虫蛀、霉烂也是难于抵抗的自然因素,成为书的克星。

凡此种种,说明一本书要留存下来,非常不易。它是那样柔弱脆薄,而扑向它的灾难,一个个都是那么强大、那么凶猛、那么无可抵挡。

二百年的积存,可散之于一朝;三千里的搜聚,可焚之于一夕。这种情景,实在是文明命运的缩影。在血火刀兵的历史主题面前,文明几乎没有地位。在大批难民和兵丁之间,书籍的功用常常被这样描写:"藉裂以为枕,爇火以为炊。"也就是说,书只是露宿时的垫枕、做饭时的柴火。要让它们保存于马蹄烽烟之间,几乎没有可能,除非,有几个坚毅文人的人格支撑。

说起来,皇家藏书比较容易,规模也大,但是,这种藏书除了明清时期编辑辞书时有用外,平日无法惠泽文人学士,几乎没有实际功能,又容易毁于改朝换代之际。因此,民间藏书就成了一种重要的文化传承方式。民间藏书,搜集十分艰难,又没有足够力量来抵挡多种灾祸,因此注定是一种悲剧行为。明知悲剧还勇往直前,这便是民间藏书家的人格力量。这种人格力量又不仅仅是他们的,而是一种希冀中华文明长久延续的伟大意愿,通过他们表现出来了。

天一阁,就是这种意愿的物态造型。在现存的古代藏书楼中,论时间之长,它是中国第一,也是亚洲第一。由于意大利有两座文艺复兴时代的藏书楼也保存下来了,比它早一些,因此它居于世界第三。

三

天一阁的创始人范钦,诞生于十六世纪初期。

如果要在世界坐标中作比较,那么,我们不妨知道:范钦出生的前两年,米开朗琪罗刚刚完成了雕塑《大卫》;范钦出生的同一年,达·芬奇完成了油画《蒙娜丽莎》。

范钦的一生,当然不可能像米开朗琪罗和达·芬奇那样踏出新时代的步伐,而只是展现了中国明代优秀文人的典型历程。他在很年轻的时候就通过一系列科举考试而做官,很快尝到了明代朝廷的诡谲风波。他是一个正直、负责、能干的官员,到任何一个地方做官都能打开一个局面,却又总是被牵涉到高层的人事争斗。我曾试图用最简明的语言概述一下他的仕途升沉,最后却只能放弃,因为那一个接一个的政治旋涡太奇怪,又太没有意义了。我感兴趣的只有这样几件事——

他曾经被诬告而"廷杖"入狱。廷杖是一种极度羞辱性的刑罚。在堂堂宫廷的午门之外,在众多官员的参观之下,他被麻布缚曳,脱去裤子,按在地上,满嘴泥土,重打三十六棍。受过这种刑罚,再加上几度受诬、几度昭雪,一个人的"心理筋骨"就会出现另一种模样。后来,他作为一个成功藏书家所表现出来的惊人意志和毅力,都与此有关。

他的仕途,由于奸臣的捉弄和其他原因,一直在频繁而远距离地滑动。在我的印象中,他做官的地方,至少有湖北、江西、广西、福建、云南、陕西等地,当然还要到北京任职,还要到宁波养老。大半个中国,被他摸了个遍。

在风尘仆仆的奔波中,他已开始搜集书籍,尤其是以地方志、政书、实录、历科试士录为主。当时的中国,经历过了文化上登峰造极的宋代,刻书、印书、藏书,在各地已经形成风气,无论是朝廷和地方府衙的藏书,书院、寺院的藏书,还是私人藏书,都相当丰富。这种整体气氛,使范钦有可能成为一个成熟的藏书家,而他的眼光和见识,又使他找到了自己的特殊地位。那就是,不必像别人藏书那样唯宋是瞻、唯古是拜,而是着眼当代,着眼社会资料,着眼散落各地而很快就会遗失的地方性文件。他的这种选择,使他成了中国历史上一名不可替代的藏书家。

一个杰出的藏书家不能只是收藏古代,后代研究者更迫切需要的,是他生存的时代和脚踩的土地,以及他在自己最真切的生态环境里做出的文化选择。

官,还是认认真真地做。朝廷的事,还是小心翼翼地对付。但是,作为一名文官,每到一地他不能不了解这个地方的文物典章、历史沿革、风土习俗,那就必须找书了。见到当地的官员缙绅,需要询问的事情大多也离不开这些内容。谈完正事,为了互表风雅,更会集中谈书,尤其是当地的文风书讯。平时巡视察访,又未免以斯文之地为重。这一切,大抵是古代文官的寻常生态,不同的是,范钦把书的事情做认真了。

一天公务,也许是审问了一宗大案,也许是理清了几笔财务,衙堂威仪,朝野礼数,不一而足。而他最感兴趣的,是差役悄悄递上的那个蓝布包袱,是袖中轻轻拈着的那份待购书目。他心里明白,这是公暇琐事、私人爱好,不能妨碍了朝廷正事。但是当他历尽宦海风浪终于退休之后就产生了疑惑:做官和藏书,究竟哪一项更重要?

我们站在几百年后远远看去则已经毫无疑惑:对范钦来说,藏书是他的生平主业,做官则是业余。

甚至可以说,历史要当时的中国出一个杰出的藏书家,于是把他放在一个颠覆九州的官位上来成全他。

范钦给了我们一种启发：一生都在忙碌的所谓公务和事业，很可能不是你对这个世界最主要的贡献；请密切留意你自己也觉得是不务正业却又很感兴趣的那些小事。

四

范钦对书的兴趣，显然已到了痴迷的程度。痴迷，带有一种非功利的盲目性。正是这种可爱的盲目性，使文化在应付实用之外还拥有大批忠诚的守护者，不倦地吟诵着。

痴迷是不讲理由的。中国历史上痴迷书籍的人很多，哪怕忍饥挨冻，也要在雪夜昏暗的灯光下手不释卷。这中间，因为喜欢书中的诗文而痴迷，那还不算真正的痴迷；不问书中的内容而痴迷，那就又上了一个等级。在这个等级上，只要听说是书，只要手指能触摸到薄薄的宣纸，就兴奋莫名、浑身舒畅。

我觉得范钦对书的痴迷，属于后一种。他本人的诗文，我把能找到的都找来读了，甚觉一般，因此不认为他会对书中的诗文有特殊的敏感。他所敏感的，只是书本身。

于是，只有他，而不是才情比他高的文学家，才有这么一股粗拙强硬的劲头，把藏书的事业做得那么大、那么好、那么久。

他在仕途上的历练，尤其是在工部具体负责各种宫府、器杖、城隍、坛庙的营造和修理的实践，使他把藏书当作了一项工程，这又是其他藏书家做不到的了。

不讲理由的痴迷，再加上工程师般的精细，这就使范钦成了范钦，天一阁成了天一阁。

五

藏书家遇到的真正麻烦大多是在身后。范钦面临的最大问题是如何把自己的意志行为变成一种不可动摇的家族遗传。不妨说，天一阁真正堪称悲壮的历史，开始于范钦死后。我不知道保住这座楼的使命对范氏家族来说，算是一种光耀门庭的荣幸，还是一场绵延久远的苦役。

范钦在退休归里之后,一方面用比从前更大的劲头搜集书籍,使藏书数量大大增加,一方面则冷静地观察着自己的儿子能不能继承这些藏书。

范钦有两个儿子:范大冲和范大潜。他对这两个儿子都不太满意,但比较之下还是觉得范大冲要好得多。他早就暗下决心,自己死后,什么财产都可以分,唯独这一楼的藏书却万万不可分。书一分,就不成气候,很快就会耗散。但是,所有的亲属都知道,自己毕生最大的财富是书,如果只给一个儿子,另一个儿子会怎么想?

范钦决定由大儿子范大冲单独继承全部藏书,同时把万两白银给予小儿子范大潜,作为他不分享藏书的代价。没想到,范大潜在父亲范钦去世前三个月先去世了,因此万两白银就由他的妻子陆氏分得。陆氏受人挑拨还想分书,后来还造成了一些麻烦,但是,"书不可分"已成了范钦的不二家法。

范大冲得到一楼藏书,虽然是父亲的毕生心血,江南的一大文书薮,但实际上既不能变卖,又不能开放,完全是把一项沉重的义务扛到了自己肩上。父亲花费了万两白银来保全他承担这项义务的纯粹性,余下的钱财没有了,只能靠自己另行赚取,来苦苦支撑。

一五八五年的秋天,范钦在过完自己八十大寿后的第九天离开人世。藏书家在弥留之际一再打量着范大冲的眼睛,觉得自己实在是给儿子留下了一件骇人听闻的苦差事。他不知道儿子能不能坚持到最后,如果能,那么,孙子呢?孙子的后代呢?

他不敢想下去了。

一个再自信的人,也无法对自己的儿孙有过多的奢望。

他知道,自己没有理由让自己的后人一代代都做藏书家,但是如果他们不做,天一阁的命运将会如何?如果他们做了,其实也不是像自己一样的藏书家,而只是一个守楼人。

儿孙,书;书,儿孙……

范钦终于闭上了迷离的眼睛。

六

就这样,一场没完没了的接力赛开始了:多少年后,范大冲也会有遗嘱，范大冲的儿子又会有遗嘱……

家族传代，本身是一个不断分裂、异化、自立的生命过程，让后代接受一个需要终生投入的强硬指令，十分违背生命的自在状态。让几百年之后的后裔不经自身体验就来沿袭几百年前某位祖先的生命冲动，也难免有许多憋气的地方。不难想象，天一阁藏书楼对于许多范氏后代来说几乎成了一个宗教式的朝拜对象，只知要诚惶诚恐地维护和保存，却不知是为什么。

我可以肯定，此间埋藏着许多难以言状的心理悲剧和家族纷争。这个在藏书楼下生活了几百年的家族，非常值得同情。

后代子孙免不了会产生一种好奇，楼上究竟是什么样的呢？到底有哪些书，能不能借来看看？亲戚朋友更会频频相问，作为你们家族世代供奉的这个秘府，能不能让我们看上一眼呢？

范钦和他的继承者们早就预料到这种可能，而且预料藏书楼就会因为这种点滴可能而崩塌，因而已经预防在先。他们给家族制定了一个严格的处罚规则，处罚内容是当时视为最大屈辱的不许参加祭祖大典。因为这种处罚意味着在家族血统关系上亮出了"黄牌"，比杖责鞭笞之类还要严重。

处罚规则标明：子孙无故开门入阁者，罚不与祭三次；私领亲友入阁及擅开书橱者，罚不与祭一年；擅将藏书借出外房及他姓者，罚不与祭三年；因而典押事故者，除追惩外，永行摈逐，不得与祭。

在这里，不得不提到那个我每次想起都感到难过的故事了。据谢堃《春草堂集》记载，范钦去世后两百多年，宁波知府丘铁卿家里发生了一件事情。他的内侄女是一个酷爱诗书的女子，听说天一阁藏书宏富，两百余年不蛀，全靠夹在书页中的芸草。她只想做一枚芸草，夹在书本之间。于是，她天天用丝线绣刺芸草，把自己的名字也改成了"绣芸"。

父母看她如此着迷，就请知府做媒，把她嫁给了范家后人。她原想做了范家的媳妇总可以登上天一阁了，不让看书也要看看芸草。但她哪里想到，范家有规矩，严格禁止妇女登楼。

由此，她悲怨成疾，抑郁而终。临死前，她连一个"书"字也不敢提，只对丈夫说："连一枚芸草也见不着，活着做甚？你如果心疼我，就把我葬在天一阁附近，我也可瞑目了！"

今天，当我抬起头来仰望天一阁这栋楼的时候，首先想到的是钱绣芸那抑郁的目光。在既缺少人文气息又没有婚姻自由的年代，一个女孩子想借着婚姻来多读一点书，其实是在以自己的脆弱生命与自己的文化渴求斡旋。她失败了，却让我非常感动。

七

从范氏家族的立场来看，不准登楼，不准看书，委实也出于无奈。只要开放一条小缝，终会裂成大缝。但是，永远地不准登楼、不准看书，这座藏书楼存在于世的意义又何在呢？这个问题，每每使范氏家族陷入困惑。

范氏家族规定，不管家族繁衍到何等程度，开阁门必得各房一致同意。阁门的钥匙和书橱的钥匙由各房分别掌管，组成一环也不可缺少的连环。如果有一房不到，就无法接触到任何藏书。

就在这时，传来消息，大学者黄宗羲先生想要登楼看书！这对范家各房无疑是一个震撼。

黄宗羲是"吾乡"余姚人，与范氏家族没有任何血缘关系，照理是不能登楼的。但无论如何，他是靠自己的人品、气节、学问而受到全国思想学术界深深钦佩的巨人，范氏家族也早有所闻。尽管当时的信息传播手段非常落后，但由于黄宗羲的行为举止实在是奇崛响亮，一次次在朝野之间造成非凡的轰动效应。他的父亲本是明末东林党重要人物，被魏忠贤宦官集团所杀，后来宦官集团受审，十九岁的黄宗羲在朝廷对质时，竟然义愤填膺地锥刺和痛殴漏网余党，后又追杀凶手，警告阮大铖，一时大快人心。清兵南下时他与两个弟弟在家乡组织数百人的子弟兵"世忠营"英勇抗清，抗清失败后便潜心学术，边著述边讲学，把民族道义、人格力量融化在学问中启世迪人，成为中国古代学术领域中第一流的思想家和历史学家。他在治学过程中已经到绍兴钮氏"世学楼"和祁氏"澹生堂"去读过书，现在终于想来叩天一阁之门了。他深知范氏家族的森严规矩，但他还是来了，时间是康熙十二年，即一六七三年。

　　出乎意料,范氏家族竟一致同意黄宗羲登楼,而且允许他细细地阅读楼上的全部藏书。黄宗羲长衣布鞋,悄然登楼了。铜锁在一具具打开,一六七三年成为天一阁历史上特别有光彩的一年。

　　黄宗羲在天一阁翻阅了全部藏书,把其中流通未广者编为书目,并另撰《天一阁藏书记》留世。由此,这座藏书楼便与一位大学者的名字联结起来,广为传播。

　　从此以后,天一阁有了一条可以向真正的大学者开放的新规矩,但这条规矩的执行还是十分苛严。在此后近两百年的时间内,获准登楼的大学者也仅有十余名,其中有万斯同、全祖望、钱大昕、袁枚、阮元、薛福成等。他们的名字,都上得了中国文化史。

　　这样一来,天一阁终于显现了本身的存在意义,尽管显现的机会是那样小。

　　直到乾隆决定编纂《四库全书》,天一阁的命运发生了重大变化。

　　乾隆谕旨各省采访遗书,要各藏书家,特别是江南的藏书家积极献书。天一阁进呈珍贵古籍六百余种,其中有九十六种被收录在《四库全书》中,有三百七十余种列入存目。乾隆非常感谢天一阁的贡献,多次褒扬奖赐,并授意新建的南北主要藏书楼都仿照天一阁的格局营建。

　　天一阁因此而大出其名,尽管上献的书籍大多数没有发还,但在国家级的“百科全书”中,在钦定的藏书楼中,都有了它的生命。我曾看到好些著作文章中称乾隆下令为《四库全书》献书是天一阁的一大浩劫,颇觉言之有过。连堂堂皇家编书都不得不大幅度地动用天一阁的珍藏,家族性的收藏变成了一种行政性的播扬,这证明天一阁获得了大成功,范钦获得了大成功。

八

　　天一阁终于走到了近代,这座古老的藏书楼开始了自己新的历险。

　　先是太平军进攻宁波时当地小偷趁乱拆墙偷书,然后当作废纸论斤卖给造纸作坊。曾有一人高价从作坊买去一批,却又遭大火焚毁。

　　这就成了天一阁此后命运的先兆,它现在遇到的问题已不是让不让某位学者上楼的问题了，竟然是窃贼和偷儿成了它最大的对手。

一九一四年，一个叫薛继渭的偷儿奇迹般地潜入书楼，白天无声无息，晚上动手偷书，每日只以所带枣子充饥，东墙外的河上有小船接运所偷书籍。这一次几乎把天一阁的一半珍贵书籍给偷走了，它们渐渐出现在上海的书铺里。

薛继渭的这次偷窃与太平天国时的那些小偷不同，不仅数量巨大、操作系统，而且最终与上海的书铺挂上了钩。近代都市的书商用这种办法来侵吞一个古老的藏书楼，我总觉得其中蕴涵着某种象征意义。

一架架书橱空了，钱绣芸小姐哀怨地仰望终身而未能上的楼板，黄宗羲先生小心翼翼地踩踏过的楼板，现在，只留下偷儿吐出的一大堆枣核在上面。

当时主持商务印书馆的张元济先生听说天一阁遭此浩劫，并得知有些书商，正准备把天一阁藏本卖给外国人，便立即拨巨资抢救。他所购得的天一阁藏书，保存于东方图书馆的"涵芬楼"里。涵芬楼因有天一阁藏书的润泽而享誉文化界，当代不少文化大家都在那里汲取过营养。但是，众所周知，它最终竟又全部焚毁于日本侵略军的炸弹之下。

没有焚毁的，是天一阁本身。这幢楼像一位见过世面的老人，再大的灾难也承受得住。但它又不仅仅是承受，而是以满脸的哲思注视着一切后人，姓范的和不是姓范的，看得他们一次次低下头去又仰起头来。

只要自认是中华文化的后裔，总想对这幢老楼做点什么，而不忍让它全然沦为废墟。因此，二十世纪三十年代、五十年代、六十年代、八十年代，天一阁被一次次大规模地修缮和完善着。它，已经成为现代文化良知的见证。

登天一阁的楼梯时，我的脚步非常缓慢。我不断地问自己：你来了吗？你是哪一代的中国书生？

/ 思考 /

1. 在史实的基础上，作者运用联想和想象，还原了一些历史场面和细节，你觉得这样写的表达效果好吗？为什么？

2. 作者为何用"风雨"来修饰天一阁呢？你觉得有没有比"风雨"更好的修饰词呢？

/ 荐读 /

余秋雨的散文一直深受读者们的青睐，是公认的融学术、思想、文化于一炉的大散文。华丽的文风，厚重的文化思考，让人感动，也让人忧伤。让我们一起跟着余先生行走吧，且欢喜着又沉痛着！

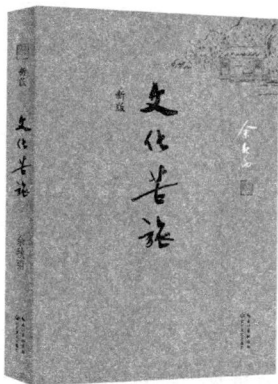

书　　名：文化苦旅
作　　者：余秋雨
出版信息：长江文艺出版社
　　　　　2014年版

湘行二记①

汪曾祺

/导读/ 古往今来，多少文人笔下的名胜，滋养后人，绵远流长……

桃花源记

汽车开进桃花源，车中一眼看见一棵桃树上还开着花。只有一枝，四五朵，通红的，如同胭脂。十一月天气，还开桃花！这四五朵红花似乎想努力地证明：这里确实是桃花源。

一位原来也想和我们一同来看看桃花源的同志，听说这个桃花源是假的，就没有多大兴趣，不来了。这位同志真是太天真了。桃花源怎么可能是真的呢？《桃花源记》是一篇寓言。中国有几处桃花源，都是后人根据《桃花源诗并记》附会出来的。先有《桃花源记》，然后有桃花源。不过如果要在中国选举出一个桃花源，这一个应该有优先权。这个桃花源在湖南桃源县，桃源旧属武陵。而且这里有一条小溪，直通沅江。陶渊明的《桃花源记》不是这样说的么："晋太元中，武陵人，捕鱼为业。缘溪行，忘路之远近……"

刚放下旅行包，文化局的同志就来招呼去吃擂茶。闻擂茶之名久矣，此来一半为擂茶，没想到下车后第一个节目便是吃擂茶，当然很高兴。茶叶、老姜、芝麻、米，加盐，放在一个擂钵里，用硬杂木做的擂棒"擂"成细末，用开水冲开，便是擂茶。吃擂茶时还要摆出十几个碟子，里面装的是炒米、炒黄豆、炒绿豆、炒包谷、炒花生、砂炒红薯片、油炸锅巴、泡菜、酸辣藠头……边喝边吃。擂茶别具风味，连喝几碗，浑身舒服。佐茶的茶食也

---

① 选自《汪曾祺散文精选》，长江文艺出版社2013年版。汪曾祺（1920—1997），江苏高邮人，中国现代散文家、戏剧家，京派作家的代表人物，著有《受戒》《沙家浜》《大淖记事》等。

都很好吃,藠头尤其好。我吃过的藠头多矣,江西的、湖北的、四川的……但都不如这里的又酸又甜又辣,桃源藠头滋味之浓,实为天下冠。桃源人都爱喝擂茶。有的农民家,夏天中午不吃饭,就是喝一顿擂茶。问起擂茶的来历,说是:诸葛亮带兵到这里,士兵得了瘟疫,遍请名医,医治无效,有一个老婆婆说:"我会治!"她熬了几大锅擂茶,说:"喝吧!"士兵喝了擂茶,都好了。这种说法当然也只好姑妄听之。诸葛亮有没有带兵到过桃源,无可稽考。根据印象,这一带在三国时应是吴国的地方,若说是鲁肃或周瑜的兵,还差不多。我总怀疑,这种喝茶法是宋代传下来的。《都城纪胜》《茶坊》载:"冬天兼卖擂茶。"《梦粱录》《茶肆》条载:"冬月添卖七宝擂茶。"有一本书载:"杭州人一天吃三十丈木头。"指的是每天消耗的"擂槌"的表层木质。"擂槌"大概就是桃源人所说的擂棒。"一天吃三十丈木头",形容杭州人口之多。

擂槌可以擂别的东西,当然也可以擂茶。"擂"这个字是从宋代沿用下来的。"擂"者,擂而细之之谓也,跟擂鼓的擂不是一个意思。茶里放姜,见于《水浒传》,王婆家就有这种茶卖,《水浒传》第二十四回写道:"便浓浓的点两盏姜茶,将来放在桌子上。"从字面看,这种茶里有茶叶,有姜,至于还放不放别的什么,只好阙闻了。反正,王婆所卖之茶与桃源擂茶有某种渊源,是可以肯定的。湖南省不少地方喝"芝麻豆子茶",即在茶里放入炒熟且碾碎的芝麻、黄豆、花生,也有放姜的,好像不加盐,茶叶则是整的,并不擂细,而且喝干了茶水还把叶子捞出来放进嘴里嚼嚼吃了,这可以说是擂茶的嫡堂兄弟。湖南人爱吃姜。十多年前在醴陵、浏阳一带旅行,公共汽车一到站,就有人托了一个瓷盘,里面装的是插在牙签上的切得薄薄的姜片,一根牙签上插五六片,卖与过客。本地人掏出角把钱,买得几串,就坐在车里吃起来,像吃水果似的。大概楚地卑湿,故湘人保存了不撤姜食的习惯。生姜、茶叶可以治疗某些外感,是一般的本草书上都讲过的。北方的农村也有把茶叶、芝麻一同放在嘴里生嚼用来发汗的偏方。因此,说擂茶最初起于医治兵士的时症,不为无因。

上午在山上桃花观里看了看。进门是一正殿,往后高处是"古隐君子之堂"。两侧各有一座楼,一名"蹑风",用陶渊明"愿言蹑轻风"诗意;一名"玩月",用刘禹锡故实。楼皆三面开窗,后为墙壁,颇小巧,不俗气。观里的建筑都不甚高大,疏疏朗朗,虽为道观,却无甚道士气,既没有一气化三清的坐像,也没有伸着手掌放掌心雷降妖的张天师。楹联颇多,联语多隐括《桃花源记》词句,也与道教无关。这些联匾在"文化大革命"中由一看山的老人摘下藏了起来,没有交给"破四旧"的"红卫兵",故能完整地重新挂出来,也算万幸了。

下午下山,去钻了"秦人洞"。洞口倒是有点像《桃花源记》所写的那样,"山有小口,仿佛若有光","初极狭,才通人"。洞里有小小流水,深不过人脚面,然而源源不竭,蜿蜒流至山下。走了十几步,豁然开朗了,但并不是"土地平旷,屋舍俨然,有良田美池桑竹之属。阡陌交通,鸡犬相闻"。后面有一点平地,也有一块稻田,田中插一木牌,写着"千丘田",实际上只有两间房子那样大,是特意开出来种了稻子应景的。有两个水池子,山上有一个擂茶馆,再后就又是山了。如此而已。因此不少人来看了,都觉得失望,说是"不像"。这些同志也真是天真。他们大概还想遇见几个避乱的秦人,请到家里,设酒杀鸡来招待他一番,这才满意。

看了秦人洞,便扶向路下山。山下有方竹亭,亭极古拙,四面有门而无窗,墙甚厚,拱顶,无梁柱,云是明时所筑,似可信。亭后旧有方竹,为国民党的兵砍尽。竹子这个东西,每隔三年,须删砍一次,不则挤死;然亦不能砍尽,砍尽则不复长。现在方竹亭后仍有一丛细竹,导游的说明牌上说:这种竹子看起来是圆的,摸起来是方的。摸了摸,似乎有点棱。但一切竹竿似皆不尽浑圆,这一丛细竹是补种来应景的,和我在成都薛涛井旁所见方竹不同——那是真正"对角四方"的。方竹亭前原来有很多碑,"文化大革命"中都被"红卫兵"椎碎了,剩下一些石头乌龟昂着头空空地坐在那里。据说有一块明朝的碑,字写得很好,不知还能不能找到拓本。

旧的碑毁掉了,新的碑正在造出来。就在碎碑残骸不远处,有几个石工正在丁丁地斫治。一个小伙子在一块桃源石的巨碑上浇了水,用一块油石在慢慢地磨着。碑石绿如艾叶,很好看。桃源石很硬,磨起来很不容易。问:"磨这样一块碑得用多少工?"——"好多工啊? 哪晓得呢! 反正磨光了算!"这回答真有点无怀氏之民的风度。

晚饭后,管理处的同志摆出了纸墨笔砚,请求写几个字,把上午吃擂茶时想出的四句诗写给了他们:

红桃曾照秦时月，
黄菊重开陶令花。
大乱十年成一梦，
与君安坐吃擂茶。

晚宿观旁的小招待所，栏杆外面，竹树萧然，极为幽静。桃花源虽无真正的方竹，但别的竹子都可看。竹子都长得很高，节子也长，竹叶细碎，姗姗可爱，真是所谓修竹。树都不粗壮，而都甚高。大概树都是从谷底长上来的，为了够得着日光，就把自己拉长了。竹叶间有小鸟穿来穿去，绿如竹叶，才一寸多长。

修竹姗姗节子长，
山中高树已经霜。
经霜竹树皆无语，
小鸟啾啾为底忙？

晨起，至桃花观门外闲眺，下起了小雨。

山下鸡鸣相应答，
林间鸟语自高低。
芭蕉叶响知来雨，
已觉清流涨小溪。

作了一日武陵人，临去，看那个小伙子磨的石碑，似乎进展不大。门口的桃花还在开着。

岳阳楼记

岳阳楼值得一看。

长江三胜，滕王阁、黄鹤楼都没有了，就剩下这座岳阳楼了。

　　岳阳楼最初是唐开元中中书令张说所建,但在一般中国人的印象里,它是滕子京建的。滕子京之所以出名,是由于范仲淹的《岳阳楼记》。中国过去的读书人很少没有读过《岳阳楼记》的。《岳阳楼记》一开头就写道:"庆历四年春,滕子京谪守巴陵郡。越明年,政通人和,百废俱兴……"虽然范记写得很清楚,滕子京不过是"重修岳阳楼,增其旧制",然而大家不甚注意,总以为这是滕子京建的。岳阳楼和滕子京这个名字分不开了。滕子京一生做过什么事,大家不去理会,只知道他修建了岳阳楼,好像他这辈子就做了这一件事。滕子京因为岳阳楼而不朽,而岳阳楼又因为范仲淹的一记而不朽。若无范仲淹的《岳阳楼记》,不会有那么多人知道岳阳楼,有那么多人对它向往。《岳阳楼记》通篇写得很好,而尤其为人传诵者,是"先天下之忧而忧,后天下之乐而乐"这两句名言。可以这样说:岳阳楼是由于这两句名言而名闻天下的。这大概是滕子京始料所不及,亦为范仲淹始料所不及。这位"胸中自有数万甲兵"的范老夫子的事迹大家也多不甚了了,他流传后世的,除了几首词,最突出的,便是一篇《岳阳楼记》和《记》里的这两句话。这两句话哺育了很多后代人,对中国知识分子的品德的形成,产生了极其深远的影响。匹夫而为百世师,一言而为天下法,鸣呼,立言的价值之重且大矣,可不慎哉!

　　写这篇《记》的时候,范仲淹不在岳阳,他被贬在邓州,即今延安,而且听说他根本就没有到过岳阳,《记》中对岳阳楼四周景色的描写,完全出诸想象。这真是不可思议的事。他没有到过岳阳,可是比许多久住岳阳的人看到的还要真切。岳阳的景色是想象的,但是"先天下之忧而忧,后天下之乐而乐"的思想却是久经考虑,出于胸臆的,真实的、深刻的。看来一篇文章最重要的是思想。有了独特的思想,才能调动想象,才能把在别处所得到的印象概括集中起来。范仲淹虽可能没有看到过洞庭湖,但是他看到过很多巨浸大泽。他是吴县人,太湖是一定看过的。我很怀疑他对洞庭湖的描写,有些是从太湖印象中借用过来的。

　　现在的岳阳楼早已不是滕子京重修的了。这座楼烧掉了几次。据《巴陵县志》载:岳阳楼在明崇祯十二年毁于火,推官陶宗孔重建。清顺治十四年又毁于火,康熙二十二年由知府李遇时、知县赵士珩捐资重建。康熙二十七年又毁于火,直到乾隆五年由总督班第集资修复。因此范记所云"刻唐贤、今人诗赋于其上",已不可见。现在楼上刻在檀木屏上的《岳阳楼记》系张照所书,楼里的大部分楹联是到处写字的"道州何绍基"写的,张、何皆乾隆间人。但是人们还相信这是滕子京修的那座楼,因为范仲淹的《岳阳楼记》实在太深入人心了。也很可能,后来两次修复,都还保存了滕楼的旧样。九百多年前的规模格局,至今犹能得其仿佛,斯可贵矣。

　　我在别处没有看见过一个像岳阳楼这样的建筑。全楼为四柱、三层、盔顶的纯木结构。主楼三层,高十五米,中间以四根楠木巨柱从地到顶承荷全楼大部分重力,再用十二根宝柱作为内围,外围绕以十二根檐柱,彼此牵制,结为整体。全楼纯用木料构成,逗缝对榫,没用一钉一铆,一块砖石。楼的结构精巧,但是看起来端庄浑厚,落落大方,没有搔首弄姿的小家气,在烟波浩淼的洞庭湖上很压得住,很有气魄。

　　岳阳楼本身很美,尤其美的是它所占的地势。"滕王高阁临江渚",看来和长江是有一段距离的。黄鹤楼在蛇山上,晴川历历,芳草萋萋,宜俯瞰,宜远眺,楼在江之上,江之外,江自江,楼自楼。岳阳楼刚好像直接从洞庭湖里长出来的。楼在岳阳西门之上,城门口即是洞庭湖。伏在楼外女墙上,好像洞庭湖就在脚底,丢一个石子,就能听见水响。楼与湖是一整体。没有洞庭湖,岳阳楼不成其为岳阳楼;没有岳阳楼,洞庭湖也就不成其为洞庭湖了。站在岳阳楼上,可以清清楚楚看到湖中帆船来往,渔歌互答,可以扬声与舟中人说话;同时又可远看浩浩荡荡,横无际涯,北通巫峡,南极潇湘的湖水,远近咸宜,皆可悦目。"气蒸云梦泽,波撼岳阳城",并非虚语。

　　我们登岳阳楼那天下雨,游人不多。有三四级风,洞庭湖里的浪不大,没有起白花。本地人说不起白花的是"波",起白花的是"涌"。"波"和"涌"有这样的区别,我还是第一次听到。这可以增加对于"洞庭波涌连天雪"的一点新的理解。

　　夜读《岳阳楼诗词选》。读多了,有千篇一律之感。最有气魄的还是孟浩然的那一联,和杜甫的"吴楚东南坼,乾坤日夜浮"。刘禹锡的"遥望洞庭山水翠,白银盘里一青螺",化大境界为小景,另辟蹊径。许棠因为《洞庭》一诗,当时号称"许洞庭",但"四顾疑无地,中流忽有山",只是工巧而已。滕子京的《临江仙》把"气蒸云梦泽,波撼岳阳城","曲终人不见,江上数峰青"整句地搬了进来,未免过于省事!吕洞宾的绝句:"朝游岳鄂暮苍梧,袖里青蛇胆气粗。三醉岳阳人不识,朗吟飞过洞庭湖。"很有点仙气,但我怀疑这是伪造的(清人陈玉垣《岳阳楼》诗有句云:"堪惜忠魂无处奠,却教羽客踞华楹。"他主张岳阳楼上当奉屈左徒为宗主,把楼上的吕洞宾的塑像请出去,我准备投他一票)。写得最美的,还是屈大夫的"袅袅兮秋风,洞庭波兮木叶下"两句话,把洞庭湖就写完了!

一九八二年十二月八日　北京

/ 思考 /

1. 这两篇散文都引用了较多的古诗文,甚至作者在第一篇散文中还自创了几首小诗,你喜欢这样的风格吗?为什么?

2. 看完这两篇文章,再去读读陶渊明的《桃花源记》和范仲淹的《岳阳楼记》,你会有不一样的感受的,把你的感受跟同伴讲讲吧。

/ 荐读 /

贾平凹曾这样评价汪曾祺:"汪是一文狐,修炼老成精。"汪曾祺一生博学多识,兴趣广泛,经历了许多轰轰烈烈的大事,但文风淡然,清逸风趣,娓娓而谈,尤其是那种生活化的真实感总能带给读者浅浅的感动。请走进汪曾祺的文字王国,触摸作者笔下的春秋草木、舌尖韵味、岁月人生,感受"不着一字,尽得风流"的浪漫吧!

书　　名:汪曾祺散文精选
作　　者:汪曾祺
出版信息:长江文艺出版社
2013 年版

天堂里你喝下时间①

毕淑敏

/导读/ 每个人的心中都有个天堂，南极上也有天堂，我们一起去看看吧！

"欧神诺娃号"旅游探险项目，主要分为三种。一种是登陆，再是冲锋艇巡游，最后一种是船长根据天气情况，将船行驶到一些壮美峡湾处停泊。你一动不动简简单单站在甲板上，欣赏奇诡风光。

万里冰原。初见之下，你以为冰只有一种颜色，那就是纯白。看得久了，才发现南极冰的奥妙。冰川渗出阵阵幽蓝，如梦如幻。

冰山形状各异，桌状冰山顶部非常平坦，高于海面几十米，而深入水面以下据说可达 200—300 米。它的陡直壮阔，给人留下没齿不忘的记忆。

写完这句话，不由得一乐。我有若干齿已没，由于植了牙，外表上看不出来。这话得改成——我在没齿之年才看到冰川雄姿，终生难忘。

南极冰山比北极的冰山，体量要大得太多，以祖孙辈论及都是客气。冰山还会"走"，在海流和风的推动下，以每年 10—20 千米的速度向南极高原的低心移动。

那些刚刚从冰川口的"冰舌"上分裂下来的"新生冰山"，是凶猛的冰山婴童。它们重心不稳定，容易发生翻滚和倒塌。我们去时正值南极夏季，冰山变酥，随着气温升高不断消融，会进一步分裂、翻转和坍塌。巨冰崩陷时掀起狂躁涌浪，重鸣般震响。我们虽在安全地带远眺，仍肝胆俱颤。

"金字塔"形的尖顶冰山，其水下体积极为庞然。有时从远处看去，以

---

① 选自《南极之南》，湖南文艺出版社 2018 年版。毕淑敏，中国现代作家，著有《昆仑殇》《红处方》等。

为是多座冰山,其实本是同根生的孪生或多胎姊妹兄弟,连在同一底盘上,乃一大家族。这类冰山水下部分如同暗礁,十分危险。所以,即使拥有现代化航行保障手段的抗冰船,对它们也是噤若寒蝉,胆怯地躲了。

由于南极融水极为清澈,冰山潜藏水底部分历历在目,犬牙交错,非常狰狞。好在如无大风浪,它们也不主动出击,只是静静漂在那里。你若远离,便也相安。

依我目测的结果,水下冰和水上冰的体积比例,十分不同。有的是三五倍,有的几乎相当于十倍。我刚开始以为老眼昏花,几番揉眼之后,仍见巨大差异板上钉钉地存在。

天堂湾是南极旅行的著名最点。我们从布朗断崖下来后,搭乘冲锋艇,在此湾巡游。见到岸上有一阿根廷科考站,红色墙壁,尖耸屋顶,有残破的童话感。因站中无人,我们不得入内。

操控冲锋艇的外籍探险队员告诉我们,这个海湾最常见的客人是隆背鲸。

隆背鲸这个名字不常用,人们一时有点发愣。不过说到它另外的名字,便不陌生。它又叫"驼背鲸""座头鲸""长鳍鲸""巨臂鲸""大翼鲸"等,是海洋中的庞然大物,体长一般在 10 米之上。

座头鲸游泳本领高强,破水而出时,会竖起身体垂直上升。一旦鳍状肢到达水面后,身体便开始向后徐徐弯曲,好像胖胖的杂技演员准备后滚翻。它若是高兴,紧接着一个起跳,高可达 6 米,落水时溅起雪白浪花,如投下巨型炸弹,风起云涌。平常呼吸时,会从鼻孔喷出短而粗的呼气,蒸汽状的气体将海水裹挟而出,形成激昂水柱,爆出隆隆声响。鲸界有个专用名词,叫"喷潮",也称"雾柱",可谓传神。它若受了惊或不乐意待在海面上了,一个潜水,几秒钟就可消失在波浪之下,缩入深海。

我们当然希望能遇到它。据说有人在此地近距离邂逅此尊。它很仁义,大家相安无事。要不然,此尊随便一个小小动作,便可将一叶扁舟掀个底朝天。

天堂湾三面为巨型冰山环伺。有条约 10000 英尺高的冰河,从一侧山顶延伸至海边,气势磅礴。高耸的冰垛,时不时毫无征兆地轰然断落,犹如高空坠落的自杀，垂直刺破海水的蓝色肌肤，瞬间撕裂出阔大伤口。然而天堂湾的宁静如此永恒，旋即所有的音响被海水吸附得丝毫无留，海面纹丝不乱地愈合，一切回归永恒寂寥。

登陆艇处于浮冰围剿中，索性关了引擎，缓缓随波逐流。环绕的冰山，像一块块硕大而形状不规则的巨型蓝宝石，折射七彩阳光，深邃神秘。迫近冰晶之侧，可清晰听到冰的叹息。人们常以为冰是无声的，错！冰在极轻的融化发生时，有少女吹拂气息般的微响。

南极的冰为何有如此妖娆的湛蓝？

尽管我年轻时见过号称世界第三极的青藏高原冰雪，但和南极比，从量上说，实为小巫。在北温带城市中长大的孩子，常常以为冰箱里冻着的规整块状物，就是冰了。棒状碗状的冰激凌和冰棍，就是冰了。人造冰场的平滑冰面，就是冰的极致。据此得出经验，白色或半透明，是冰的全部和实质。到了极地，你才豁然醒悟，冰是一种多么伟大而凶猛的存在！它们或是无边海水凝冻而成，或是从南极冰山崩裂而下，身世显赫规模宏大，傲然不可一世。

先来说海冰。酷寒气候中，咸咸的海水也会结冰。海冰比水轻，浮在海面上，如同长大了的孩子，出于海水而凌驾于海水，随着洋流开始漂泊。

冰川冰，则是由陆地积雪不断沉积，在漫长时间和重力压榨下，形成了冰。随着密度加大，冰内绝大多数空气被挤出，质地变得非常坚硬，同冰箱里几小时速冻出来的冰，有着天壤之别。这种挤压得极坚实几乎不含空气的冰，在光照之下，闪现深空一般的蓝色。最甚者，是黝黑色，得一酷名，名为——"黑冰"。

在南极大陆，冰盖、冰山统称为陆地冰。随便掰起一块南极陆地冰，历史都在万年之上。想想有点惊悸，我们除了面对山峦巨石会生出这种近乎恐惧的苍茫感，还曾面对什么物体，目睹如此巨大的时间差？

冰若变成深蓝色，需要 4000 年。变成近乎墨色，则至少需要 10000 年。至尊宝的那句名言：如果非要给这份爱加上一个期限，我希望是一万年！似可有个简洁版——这个期限就如黑冰。

关于冰山水下水上的体积比例，众说不一。海明威关于写作的著名冰山原理认为：一部作品好比"一座冰山"，露出水面的是八分之一，剩下的八分之七则在水面之下。作为写作者，你只需表现"水面上"的那部分就足够了，剩下的就是让读者自己去理解"水面下"的那八分之七。

看来大文豪取的是七倍说。我向极地专家请教最终答案。他说，那要看冰的籍贯和历史了。

我乐了，说，冰还有出身论啊？

极地专家说，是。最古老的形成于陆上的冰体，曾被剧烈压缩过，它们中间所含的空气很少，黑冰就属这类。它们一旦落入水中，大部分就会沉没，甚至有百分之九十潜藏水中。那些年轻的海水中冻结的冰，质地比较疏松，所含空气较多，甚至只有二分之一沉在水中。这就是我们常常看到这个比喻各执一词，从十分之一到二分之一都有的来源。

我说，明白啦！海明威基本上是取折中之法。

专家继续道，冰是个大家族。从名词上讲，有"浮冰""冰山""冰架""冰盾""冰盖"之分。冰对南极极为重要，如果没有浮冰，南极就不会有冰藻、浮游生物。磷虾将无从觅食进而灭绝，企鹅也因没了口粮，陷入灭顶之灾。南极的整个生物链，会随之崩解。

他有些忧郁地补充道，现在，世界上很多淡水资源缺乏的国家，已经琢磨如何把南极冰山拖回自家慢慢享用了。在可以想见的不远的未来，人们瓜分南极冰山的企图可能会变为现实。

骇然！南极冰啊，你莫非终有一天，会背井离乡，被人拐走？

橡皮艇在天堂湾漫无目的地游荡。

专家手指不远处道，布朗断崖属于南极大陆延伸出来的一部分。他又指指另一侧，说，从理论上讲，我们从那里一直向南走，走啊走，越过无数冰山，便可直抵南极点。

我半仰头，极目眺望，远方连绵的冰山，给人无以言说的震慑感。在大自然鬼斧神工的雕琢下，南极冰山，已修炼成自然界中最纯净的固体，浩瀚巍峨，昂然高耸，无际无涯。它统一单调，除了令人窒息的惨白色，没有一丝色彩装点其上。屹立在寻常人等所有想象之外的地球极点，严酷壮烈。它烈焰般喷射着拒人千万里的森冷，凌驾于我们卑微的灵魂之上。

执掌冲锋艇的探险队员，专门把船停到了一丛浮冰当中，我们如依偎水晶宫殿的围墙。我摘下手套，用手指尖轻触了一下冰川尖锐的棱角，立时冷痛心扉。

专家说，请大家放下手机和相机，谁都不要说话，闭上眼睛，静静地，静静地，倾听南极声音。

在世界上的绝大多数地方，你都会听到一些响动。比如人声车鸣，不明来历的噪声什么的。这里，绝对没有任何声音。有风的日子，风声除外。此刻，风也静歇。

我赶紧遵办。先是听到了呼吸声，自己的，别人的。然后听到了心跳声，自己的。在熟悉了这两种属于人类的声音并把它们暂且放下后，终于听到了独属南极的声响。洋面之下，在目光看不见的深海中，有企鹅划动水波的流畅浊音。洋流觥筹交错，相互摩擦时，发生水乳交融般的滑腻声。突然，一声极短促极细微的尖细呢喃，刺进耳鼓。

我以为是错觉，万籁俱寂易让人产生幻听。无意中睁开眼，看到极地专家。他好像知我疑问，肯定地点点头，以证明在此刻，确有极微弱的颤音依稀发生。

冲锋艇正在布朗断崖之下。此崖高 745 米，陡直壁立。濒临天堂湾这一侧岩石，有锈黄色和碧绿色的淋漓之痕，在黝黑底色映衬下，甚为醒目。无数海鸟在岩峰间盘旋飞舞，正值南极春夏之交，这里是黑背鸥和岬海燕繁衍下一代的婴房。

什么声音？我忍不住轻声问，怕它稍纵即逝，我将永无答案。

是刚刚孵化出来的蓝眼鸬鹚宝宝，在呼唤父母，恳请多多喂食……专家悄声解说。

我赶紧用望远镜朝岩壁看去。那声音细若游丝，我以为蓝眼鸬鹚是画眉般的小禽，却不料在如削的断崖上，两只体长约半米的鸟，正在哺喂一只小小幼雏。亲鸟背部皆黑，脖子、胸部至腹部披白色羽毛。它们可能刚从冰海中潜泳飞到家，羽毛未干，似有水滴溅落。它叫"蓝眼鸬鹚"，真乃名副其实。双眼突出裸露，呈明媚亮蓝色，在略显橘色的鼻部映衬下，艳丽醒目。它们真够勇敢的，把巢筑在垂直岩壁上。其下百米处，海波荡漾。

我分不清正在喂雏的亲鸟，是雄还是雌。只见它大张着喙，耐心等待小小雏鸟把嘴探入自己咽部，让它啄食口腔内已经半消化的食物……雏鸟吞咽间隔，偶尔撒娇鸣叫，恳请更多哺喂，恰被我等听到。

人们渐渐从静默中醒来，神色庄重，似有万千感触不可言说。短暂的南极静默，会在今后漫长岁月中，被人们反复想起，咀嚼回味，以供终生启迪。

专家说，布朗断崖的身世，来自 100 万年前的火山爆发，至今证据仍存。

我们问，证据在哪里？

专家手一指，海滩上至今可见当年熔岩滚滚流淌后的块状凝固物。

放眼看去，我看到布朗断崖某处有一片片锈黄色，问他。

专家答，是铁矿。

我说，哦。那岩壁上一道道翠绿色痕迹是怎么回事？

专家说，是铜矿的露头部分。

我惊叹，南极矿藏这么丰富啊！

专家道，在南极进行过地球物理调查，再加上依据板块构造理论对有亲缘板块拼接的结果证实，南极洲的煤、铁、石油与天然气的储量都很大。在南极横断山脉，有主要形成于二叠纪时期的煤炭资源，深度较小，开采较易。铁矿主要分布于东南极，最大储量位于查尔斯王子山脉，范围达数十千米。另外，还有金、银、铂、铬、锡、铅等多种金属矿藏。

专家脸色平静，听的人着实吓了一大跳。南极的冰都有人惦记着拖回家，见了矿藏更是红眼啊。若轰隆隆挖掘起来，惊天动地暴土扬灰……纯净南极，岂不毁于一旦！

见大家失色，专家赶紧补充道，幸好根据《南极条约》，国际社会在这个问题上终于达成一致，为了保护南极环境，所有矿藏都暂不开采。

南极的归属，"国家"是空白。以前严酷的自然条件，禁锢了人们的野心。现在，科技发达了，利用现代化技术，人们能在南极长久待下来了。南极所具有的巨大资源，成了某些人垂涎欲滴的大蛋糕。为了南极的长治久安，1959 年 12 月 1 日，12 个国家在美国华盛顿签署了《南极条约》，1961 年 6 月 23 日生效。

《南极条约》冻结了各个国家对南极的领土主权要求，规定南极只用于和平目的，禁止在南极地区进行一切具有军事性质的活动（包括核试验）和处理放射物，同时保障进行科学考察和国际合作的自由。1991 年10 月 4 日，中国签署了该公约。

天光此刻被浓云遮蔽，偶有犀利光线，从云的缝隙射下，犹如上苍的惊鸿一瞥。岩石上淋漓的水迹，顷刻结冰，好似神秘文字。

雪山威严默坐，脚下冰海涟漪荡漾。人们屏住呼吸，在宁静中各自想着心事，与万年黑冰联结，与无限时光共舞。幽蓝洋流冲刷着思绪，从中感受无与伦比的清静与力量。

此地为何叫天堂湾？我轻声问。

专家说，山峦拱卫，此湾风浪很小。能给人们以安全庇护，就叫"天堂湾"了。此地符合人们关于天堂的一切想象。在此，你可以感觉神祇。他不是面色苍白的异国人，而是一种伟大的力量。你终将明白，有一种无比强韧而平静的存在，在你身心之上。

云暗天低，冲锋艇位置狭小，一人说话，众人皆闻。大家开始思谋心中天堂的样子。

天堂，第一是安静。

人间太喧嚣了。露水凝结的声音，花蕊伸展眉宇的声音，轻风吹皱春水的声音，蚯蚓翻地促织寒鸣的声音……已然远去。有的只是键盘嘀嗒、短信提示、公交报站、银行医院排号点名，当然还有上司训导、同侪寒暄、不明就里的谣传、歇斯底里的哭泣与嘶喊……人工制造的声浪，无时无刻不在围剿撕扯着我们的耳鼓，让人心烦意乱纸醉金迷。

聂鲁达的诗，陡地浮上脑海。

我喜欢你是寂静的

我喜欢你是寂静的，仿佛你消失了一样，

你从远处聆听我，我的声音却无法触及你。

　　老聂写的其实是一首情诗,追怀一名女子。此时此刻忆起,似乎不着边际。不过喜欢一首诗,有时只是冲着其中一句去的。这一句,如同春雨一滴,将无以言表的心绪粘在纸上。

　　这箴言似的感叹多么贴切!"我喜欢你是寂静的……你的沉默明亮如灯,简单如指环,你就像黑夜,拥有寂寞与群星……"

　　天堂的第二个特征,单纯。

　　海面如镜。天堂湾色泽如此简洁,蓝色是天空和海洋,白色是冰川和冰山。除此之外,再无他者。天堂也是删繁就简的吧?

　　历史是一个不断把简单变成复杂的过程。也许,应该有意识地返璞归真。把简单的事情变复杂,很容易误以为是一种本领。其实是卖弄的经线加上虚妄的纬线,共同织出一幅弥天大谎之网。天堂湾以无与伦比的素朴,启示真正的归宿。

　　天堂的第三个特征,平静。

　　平了才能静,静了才能平。天下大乱,离天堂就远。世间充满凶险,所以人人渴望风平浪静。平和与安宁的所在,便是每个人心中的天堂景象。

　　天堂的第四个特征,我以为是它——就在人间。纵使在自然条件如此峻烈的南极腹地,天堂也于万里凝冻之间怡然存在。天堂并非遥不可及,具备了安静单纯与平和,处处皆可为天堂。无声无息的静,一尘不染的纯,加之蕴藏在这秘境之下的生生不息。

　　置身至简的蓝白世界,心似乎空无物又包容万千。

　　极地专家捞起一块黑冰。他说,它足有一万岁了,这种冰的小名,就叫"万年冰"。回到"欧神诺娃号",把它放在酒杯中,再注入酒。它融化的时候,会吐出气泡,发出轻微但人耳完全能够听得见的美妙音响。冰块也像被施了魔法似的,会在杯中缓慢移动,甚至主动碰撞杯子边缘,好像在轻轻问候。可知这是为什么?

　　倾听的人们,摇头。

　　专家说,"万年冰"中的气泡,并非寻常气体。或者说,一万年前,它们曾是寻常的。被埋藏雪中,经受过巨大压力,它已不再寻常,变成了高压气体。一旦冰块融化,气泡逸出,破裂有声。它们代表远古时代,在向我们问候。试想一下,当你喝下"万年冰"释放出的水和空气,你会体会到什么?

有人抢先答:美味!

我心中想,一万年前的水,也是水。一万年前的空气,也是空气。说到底。均是无色无味的东东,谈不上特殊味道吧?

有人说:益寿延年。

我不以为然。这种水和气,纵有特殊功效,饮入小小一杯,吸进轻轻一口,万千神奇,也无甚大用,只不过象征性的心理安慰。

有人答:不来南极,哪里能喝到,难得! 说给别人听,人家羡慕死! 以后想起来,回味无穷……

我想,这些都可以有,然而,终不是全部。

专家点点头说,这冰里,蕴藏着时间。一万年甚至更久远的时间,安静地等待与我们相逢。你把它喝下去,从此做人就有了更广博的尺度做框架。

什么叫作时间? 它是能将过去和未来区分开来的基本现象。热量总是从热的物体跑到冷的物体上,这就是时间的本质。

我也敲下一块黑冰,放入口中。唇齿渐渐麻木,黑冰渐渐融化。冰冷的平静感,顺着咽喉下滑,储入脏腑深处。它饱含着远远超越我一己生命的长度所沉淀下的森冷,将本不属于我这一世所能明彻的深邃领悟,灌入我心田。在这一瞬我恍然大悟,永恒如此简明扼要。我记住了,返回纷杂人世间的焦躁余生中,不断反刍黑冰的清冽久远。慌张愁苦时,从记忆之库紧急调出天堂湾的静谧画面,它如定海神针般让我淡然下来。

大家情不自禁地为专家鼓掌,防寒手套击出的闷哑掌声,在天堂湾噗噗回荡。

/ 思考 /

1. 作者为什么说"短暂的南极静默,会在今后漫长岁月中,被人们反复想起,咀嚼回味,以供终生启迪"?

2. 天堂的四个特征,第一个和第三个有什么区别?

/ 荐读 /

"诚邀您打开这本书,和我一起瞄一眼地球最南端的风光,去复活节岛,去南极……谈谈万千感慨。在本书中,你会听到企鹅的聒噪、海豹的吠吼、信天翁的振翅声和鲸的歌唱……以及地球肚脐上的摩艾石像,一言不发的寂寞。"这是作者毕淑敏在《南极之南》一书《后记》里的一段话。拿起这本书,我们一起去领略和感受吧!

书　　名:南极之南
作　　者:毕淑敏
出版信息:湖南文艺出版社
　　　　　2018 年版

婀娜河上的美丽项链[①]

黄永玉

/导读/ 生命里总有一个地方,会以颓唐的现状告诉你,她只能永久地在你过去的记忆里,美丽动人……

老桥很老了,不晓得是哪年建立的,只听说1333年给一场大水冲走,原来是座木桥。十二年后改建成结实的石桥直到如今。

桥两边各有一排房子,原来是摆卖牛羊猪鱼肉档口,后来梅蒂奇大公下命令改为金银珠宝首饰的买卖街,这才使得老桥的身价一下子飞升起来。

马可·波罗1324年逝世,活了七十岁。他老人家在中国元世祖那里做了二十多年官,却还没有福气见到这座木桥变成石桥哩!

每天从早到晚都挤满了游客。为了翡冷翠,为了这座桥,全世界绅士淑女、流氓阿飞务必都要到这儿来站一站,照张相;买不买铺子里的东西倒在其次。

铺子里的东西不是随便说买就买的。你得有胆量走进去,还得有脸皮走出来。听说"玉婆"伊丽莎白·泰勒从这里买走一粒钻石,四颗蚕豆加起来那么大小。

有时我从桥上经过时,免不了也朝橱窗里望望。停下来自我对话:

"怎么?买不买一两件送给老婆?"

"这个人不喜欢这类玩意!"

"可以假定她喜欢嘛!"

---

① 选自《沿着塞纳河到翡冷翠》,人民文学出版社2014年版。黄永玉,画家、作家、诗人,著有《永玉六记》《猫头鹰》等。

"喜欢,我也没有这大笔闲钱!"

"假定有这笔闲钱。"

"你认为我真有吗?"

"为什么不可以假定?"

"哈!哈!有这闲钱,干吗买这类东西?"

说老实话,我比老婆还喜欢欣赏首饰,但不一定在老桥。老桥的首饰只是质料名贵,为着旅游人的口味,创意方面胆子较小。翡冷翠有的是好创意的首饰店,在小巷里头的一些幽暗的作坊里,人都长得比较清秀或古怪,男女参半,脾气与常人有别;看尽管看,可别希望她或他对你有殷勤的招呼。

他们的作品全系手工,见到不经意或粗糙的地方,这正是妙处,有如中国大写意水墨画的挥洒。

在老桥上散步,是在体会和享受一种特殊的情调。古桥上,蜂拥着诗意满面的现代人。人可以从不作诗甚至从不读诗,到某种时候,居然脸上会出现诗的感应。历史悠久的桥上或是好山水间,人的善良愿望找到了归宿。再恶的人也游山玩水,油然而生诗情时,也会来两句诗。这和信教的上教堂礼拜、忏悔是一样的意思,只是花样多一点而已。

老桥更适宜远看与回味。早晨,阳光最初一瞥的灿烂,晚上,满眼梦境的光闪。冬天,下了雪的桥上的夸张的热闹;春天桥上的花;秋天被风吹起的衣裾;夏天,一个赤裸粗犷的澡堂……

梅蒂奇家族在意大利文化的巨大贡献,对这座桥的命运的指点只是沧海一粟。要是老桥还在卖牛羊肉,众人会眷恋到如此程度吗?

说来惭愧,我的家乡也有过这么一座桥,名为"虹桥"。比起老桥,形势规模,要巍峨多了。遗憾的是,全国解放两三年后,为了方便交通,改成一座公路桥。"泯然众人矣"!

1950年我从香港回家乡探亲的时候还为它照过一张相,是爬在万寿宫背后的观景山半山上拍的。那时,母亲才五十多岁,五弟六弟还在家乡,堂妹永庄还未出嫁,表妹朝慧还是小孩……变革的风雨雷霆还没到达这座遥远山城,一切和古时一样,太阳每天照着石头城墙,大街小巷都是石板路,两旁安静的白石灰墙上蔓伸着石榴、木香、十姊妹和薜荔花果的枝藤。八年抗战和解放战争失掉上万青年的这座小城,人们喘息未定,静悄悄的穷困和断肠,哀哀欲绝的延续……

虹桥上原来卖纸札玩货、糖食糕点、绣花鞋样和门神喜钱、书画文具、汉苗草药……都没有了,疏落的几个卖干果草鞋的老太太在轻声聊天。

照我小时候的记忆,虹桥上二十八间正式的铺面,上面两层通风的瓦顶飞檐。铺面的背后挂着高高低低的数不清的生活起居的小屋,上下游河两岸行人都能看得到小竹竿晾出的红衣绿裤和妇女们一闪而过的内室生活。

端午节划龙船,河两岸人群沸腾,桥上小屋上上下下更是挤满了笑闹的彩色点子。

凤凰是座山城,政治和经济生活仅够跟空气与泉水平衡。青年们要有出息都得往外闯,闯出了名堂的人大多不再回来。

只有意大利才会出现梅蒂奇和梅蒂奇家族。没有人,没有权力、智慧和爱心,该有的不会有;已有的也会失落。

凤凰县城的孩子现在只能从传说里知道桥上曾经有过许多房子了。再过多少年,老人们都不在的时候,连故事也就湮没了。

/ 思考 /

1. 作者由翡冷翠的老桥,联想到了家乡凤凰的虹桥。读了本文,你可能也会想起某一处令你魂牵梦萦的建筑,跟你身边的人讲讲吧!

2. 同为历史悠久的桥梁,老桥依旧优美动人、文化缤纷,令人眷恋,而虹桥却逐渐疏落,"泯然众人矣"。你如何看待这巨大的反差呢?

/ 荐读 /

一位著名的画家，在他 67 岁的年纪，来到塞纳河畔，来到翡冷翠旁，支起画架，绘制了一幅幅异域的风情画。一位风趣幽默的作家，用他善于勾勒线条的笔，为我们绘写了一个城市，一座桥，一个雕像，一栋楼，一个咖啡馆，一条街，一个修士，一些朋友，文艺复兴的大师，旅居国外的友人，一些甜蜜的、痛苦的回忆……这位画家、作家就是黄永玉先生。《沿着塞纳河到翡冷翠》就是他这次旅行的作品，整本书图文并茂，无论是画作还是文章，可谓韵味醇厚。看看书名，相信你就已经陶醉了吧！

书　　名：沿着塞纳河到翡冷翠
作　　者：黄永玉
出版信息：人民文学出版社 2014 年版

这里是纽约（节选）[①]

布鲁克思·怀特

/导读/　有这样一座城，它拥有优雅的风度、繁荣的艺术、无上的成就……可是人们对它，不只有爱，还有恨，还有怜……

　　纽约从不吝啬，即使有谁求取孤独和退隐，纽约也会让他得偿所愿。正是这种慷慨的气质才使纽约城成为各方人士汇聚之所。居住在曼哈顿的人们大多并非土生土长，他们从遥远的地方迁居到此，目的是追寻理想的家园、自身价值的实现或某些或大或小的目标。纽约的奇特之处正在于能够提供各种看似不可能的可能。它可以毁掉一个人，也可以让这个人功成名就。一切全凭运气。如果一个人不愿祈求好运，那他就不应该来纽约生活。

　　纽约堪称艺术、商业、体育、宗教、娱乐和金融之集大成者。在这弹丸之地，角斗士、布道者、推销商、演员、证券投机者和商人等纷纷登场、各显其能。它到处散发着抹不掉的传统气息，因此无论你坐在纽约的哪个角落，你都可以感受到非凡的时代和各种伟业、奇形怪状的人物及事件所带来的冲击。此刻在华氏90度的高温下我就坐在纽约中城一间闷热的酒店房内。在这间处在半空的房间里，空气仿佛凝固一般，但我的情绪却莫名其妙地被周围流淌着的某种东西所左右。我知道自己所在的位置离鲁道夫·瓦伦蒂诺的安息之地有22个街区，离纳森·黑尔就义处有8个街区，离当年欧内斯特·海明威拳打马克斯·伊斯曼的出版大楼有5个街区，离沃尔特·惠特曼奋笔疾书为"布鲁克林之鹰"撰写评论的住所有4英里，离薇拉·凯瑟搬来纽约从事内布拉斯加系列作品创作之时所住的大街有34个街区，离

----

　　① 选自《英美散文经典》，培根等著，陆钰明等译，学林出版社2009年版。布鲁克思·怀特（E·B·White，1899—1985），《纽约客》主要撰稿人，"二十世纪最伟大的美国随笔作家"，儿童文学家。主要作品有《这里是纽约》《重游缅湖》《夏洛的网》等。

马塞林过去表演杂耍的马戏场仅一街之隔,离当年历史学家裘·古尔德在众人面前脚踢收音机的地方有 36 个街区,离哈里·肖枪击斯坦福·怀特的地点有 13 个街区,离我当年当引导员的大都会歌剧院有 5 个街区,离当年克拉伦斯·戴的赎罪之所——显圣殿也仅 112 个街区(仅举寥寥数例),正因为这个原因,我此刻也许就身处那些高贵而令人难忘的人们曾经停留过的地方。也许,在那些炎热、沉闷的午后,他们中的一些人——虽然孤独寂寥——却曾经和我一样在这周围的景致里徜徉。

当我几分钟前下楼吃饭时,我注意到在我旁边(大约 18 英寸开外靠墙的地方)就座的是弗雷德·斯通。区区 18 英寸的距离是纽约为它的人民设定的一杆标尺。它既给人以亲近感,又仿佛会拒人以千里之外。我和弗雷德·斯通之间曾有过一面之缘。大约 20 世纪初的时候,我曾在"绿野仙踪"中看过他的演出。而我们的服务生则因为能近距离接触到"稻草人"先生也自认为与他发生了某种联系。当斯通先生离开后,这名服务生告诉我,当年他年轻时,初来乍到连英文都不认识一个的时候,他约他的女朋友上剧院看的第一出戏就是"绿野仙踪"。他回忆说,演出很精彩——剧中那个无足轻重的稻草人演得惟妙惟肖。他(仍然保持着 18 英寸的距离)若有所思地说"斯通先生可真能吃",并且因为终于和"稻草人"先生沾上了一点关系而沾沾自喜。

纽约既带给人孤寂,又承诺分享的快乐。它和世界上其他大都市相比有一个优势,那就是尽管这里分分秒秒都有重大和奇妙的事情发生,它却能保证让一个人(如果这个人愿意的话——我想人们无不希望如此)置身事外。从我住进这间空气污浊的房间起,城里已发生了多起轰动事件。一名男子妒火中射杀了他的妻子。此事在事发公寓以外的地方并未引起什么震动,报上也只有寥寥几行文字。我没有参与其中。从我来到纽约以后,这儿举办过全球最大的航空展。尽管据说现场观众踊跃,但我没有去,纽约八百万人口中的绝大多数人也没去。除了几架惯常从屋顶上掠过向西飞去的商业飞机以外,我甚至没听到别的飞机飞过。在北大西洋上航行的世界上最大的远洋船来了又去了。我没有看到过这些船,绝大多数纽约人也没有。人们告诉我,纽约港是全球最大的海港,码头区长达

650 英里,进港的船只来自世界各地。可是,自从我来到这里,见到的唯一一艘船是前天晚上走过布鲁克林大桥时一只在退潮时分沿东河抢风而出的单桅小帆船。不错,在某个子夜我曾听到过"玛丽女王"鸣号,但那声音承载了太多的伤感、渴望和失落。那些社会名流们已经开过了全体会议,但我一个名流也没有见着。一位朋友看到了其中的一个,还向我描述了他的长相。(此人很保守,穿着西班牙式的敞胸短上衣。)这儿的球场和马场上,曾举行过盛大的赛事,但我没看到球手,也没看到马匹。州长来过了,我听到了警笛呼啸,但也只是仅此而已——那 18 英寸的距离划出了一道不可逾越的鸿沟。有人被掉下的门楣砸死了。此事与我无关。那18 英寸的距离又一次扮演了不光彩的角色。

我之所以提到这些,目的只是想让大家知道纽约是一个特殊的地方,它几乎包容吸收一切外来的事物(不管是从东部驶来的长达一千英尺的巨轮,还是来自西部的两万人大集会),却不会给它的居民带来累赘。从某种意义上来说,这里所发生的任何一件事都不带有强制性,人们可以愉快地选择自己的所爱,同时又保全自己的灵魂。放眼四海之内,城市无论大小,这选择之权往往决计不在个人手中。个人只能听凭声名显赫的大人物摆弄。那些大人物可以呼风唤雨;事件的发生无可避免。门楣倒了下来,它砸在每一个人的头上,砸在每一个留在城内的人们头上。有时候我想对纽约人来说,人人都躲不过的一件事莫过于一年一度的圣帕特里克节大游行。那可真是倾城而出的一大盛事。纽约城内住着五十万爱尔兰人,要知道想让他们走上街头可没那么容易。

纽约城把它的居民和日常事件剥离开来的特点也许反而对他们有害无益。设想一下假如他们生活在另一个地方,在那里当门楣倒下就会听到声响,有州长经过至少可看到他的帽子,那么,他们将更加身心愉快。

在这一点上,我倒不是在为纽约辩护。很多人来这儿也许只是为了逃避现实,而不是面对现实。但不管怎么说,纽约所给予人们的是一种奇特的东西。我相信这种东西对纽约人的创造力大有裨益——因为所谓创造从一定程度上来说只是把大大小小让人分神的事抛开。

尽管纽约常给人以萧瑟凄苦的感觉,但它几乎从不表现得老气横秋或死气沉沉。你只要把家挪动 10 个街区,或花掉 5 美元,就会有一种生机勃发的感觉。许多情绪消沉、精神压抑的人都以这个城市的巨大活力作为自己的精神支柱和推动力。在这个国家,除了天气的变化,或者邮箱里新到的信件以外,很少有让人精神为之一振的东西。但纽约却活力无穷。我觉得尽管不少人到这儿来是因为精力过剩(这使他们与家乡的小镇格格不入),但也有一些人是因为精神倦怠才来的,他们在纽约找到了一种庇护,一种精神上的满足。

我觉得纽约大概有 3 副不同的模样。第一个纽约是那些生于斯长于斯的人们眼里的纽约。这些人接受并平静地面对纽约的一切,包括它的巨大和喧嚣;第二个纽约是怀揣月票、来回奔波的上班族眼里的纽约。这些人把纽约看成是一台日出而作日落而息的机器;第三个纽约是那些来此有所追求的异乡客眼里的纽约。在上述三个活生生的城市形象中,最后一个最了不起,因为它包含了一个目标,堪称终极之城。正是这第三种形象才造就了纽约光彩夺目的气质、优雅的风度、艺术繁荣及其无与伦比的成就。忙碌的上班族使这个城市高速运转,土生土长的人们在这里繁衍生息,但那些外来的异乡客却赋予它激情。不管是为了避开左邻右舍的闲言碎语、到密西西比河畔种地建村的意大利农民,还是箱底压着一份手稿、胸中却藏着痛苦的来自玉米地带的男孩,地域无关紧要,相同的一点是他们全都以冒险家新奇的目光打量纽约,所发出的光和热甚至使联合爱迪生公司都黯然失色。

忙碌的上班族是最奇特的一个群落。他们所居住的郊区没有任何活力可言,只是下班后回来睡觉的地方。对于一个住在马莫内克或小内克或提内克而上班却在纽约的人来说,除了火车和公共汽车的出发、到达时间和吃便餐经过的那条小路外,他对这个城市的了解几乎一片空白。他整日伏案工作,从来不曾在暮色中悠闲地散步,来到公园的瞭望塔旁,看防御的壁垒在池塘边高高矗立,看男孩们在岸边钓鱼、女孩们在岩石旁无所顾忌地躺着。他从来不属于悠闲一派,从未在这座城市发现过真正的惊喜,因为他除了赶车就是上班。他曾在曼哈顿富得冒油的河里垂钓,钓到过钱币,却从未倾听过它的呼吸,从未在它的清晨醒来、在它的夜晚睡下。每个工作日的清晨，约有 40 万男男女女，从地铁和隧道里钻出来，踏上这片岛屿。他们中很少有人曾在公共图书馆静谧的阅览室里度过一个慵懒的下午。在那儿运书的电梯（就像一部水车）不停地上上下下，把书传送到流动架上。他们在包厘街上替人照看火炉，炉膛里的火苗在温度仅有零度的冬夜里吧嗒吧嗒地响。他们也可能在下城的金融区工作，却从未看到过洛克菲勒中心丰饶奢华的花卉树木。在那儿，每当风和日丽的春日早晨，黄水仙、麝香兰属植物和白桦树都被修剪得整整齐齐，还有各色旗帜迎风招展。或者，他们也可能在中城的办公室里工作，年复一年，却从未看到过防波堤以外的总督岛。这样的上班族一旦死去，人生的里程表上会留下一串长长的纪录，但他却不是一个漫游者。他的登场和谢幕离开即使与那些豢养草原犬鼠的村民们比起来，还要多几分曲折。他最后葬身于东河河底的污泥里，化作一朵浪花轻轻地拍打大桥。仅长岛铁路公司去年就运送了四千万这样的上班族，但其中很多是来回穿梭的老面孔。

　　纽约的奇特之处还在于，有时候住在城里的居民反而比怀揣月票、奔波忙碌的上班族走得更远。欧文·柏林当年从下城东区的雪莉街来到上城的一幢公寓，走的是一条不起眼的小巷，两者间的距离只有三四英里，但他却好像绕地球走了三圈。

　　……

　　纽约城能运转自如实属奇迹。一切都令人感到难以置信。每当城里的人们刷牙，就需要从卡斯基和维切斯特山送来上百万加仑的水。如果一个曼哈顿的年轻人给他住在布鲁克林的女朋友写信，这表达爱意的信息就会像被装进气流输送管一样，发出"嘶"的声响，直达女孩手中。纽约地下密如蛛网的电话线、电线、蒸气输送管、煤气总管和污水管道已足以让人们相信，我们该把这座岛屿交给众神和象鼻虫。每当人行道上被挖开一道口子，闹哄哄的施工人员就会把周围的一切弄得面目全非。按理说，纽约早就该毁了自己。一场恐慌、一把大火、一次暴乱、一次大规模的能源危机，或一次莫名的电线短路，都可能已把纽约毁灭。很久以前，这座城市就该经历由难以克服的瓶颈造成的交通混乱状态。它早该因食物供应连续几天跟不上而消失，早该因从贫民区或进港船只的猫身上引发的瘟疫而毁灭，早该被四面拍打它的大海吞噬。至于那些在无数狭小的空间拼命工作的人们,他们也早该从泽西不时飘来的可怕烟雾中猛醒,在中午时分熄灭所有的灯光,让高楼大厦陷入瘫痪,让里面的人们惊慌失措找不到方向,最后产生世界末日的感觉。纽约早该在8月份灼人的阳光下被烤得晕头转向。

……

当然,说起纽约,人们常常挂在嘴边的一句话是:"这是个神奇的地方,但我永远不会住在那儿。"

/ **思考** /

1. 读完本文,你对纽约的印象发生变化了吗?

2. 在作者的笔下,纽约不仅仅是一座充满活力的非凡城市,还是一座气质"慷慨"的城市,它包容各方人士,吸收一切外来事物,让人们可以保全自己的灵魂。那为何在文末,作者又引用"这是个神奇的地方,但我永远不会住在那儿"这句话呢?

/ **荐读** /

日子在每天的记录里逝去,文字在每天的记录里延伸;日子就这么真实地过着,文字就这么真实地记着。阿城在威尼斯的三个月的见闻、随感就呈现在你面前的《威尼斯日记》里。作者文笔既平实清淡,又细腻隽永。"好文章不必好句子连着好句子一路下去,要有傻句子笨句子似乎不通的句子,之后而来的好句子才似乎不费力气就好得不得了。"这样的语句是不是看着格外清新,令人快慰呢!走进《威尼斯日记》,你会有更多的收获。

威尼斯日记

阿城文集之三

书　　名:威尼斯日记
作　　者:阿城
出版信息:江苏凤凰文艺出版社2016年版

老子：颠倒的世界和扭曲的哲学（节选）^①

鲍鹏山

/导读/　在我们民族的童年时代，居然生长出了不起的思想家，他们用智慧引领我们，不断走向新的光明。

老子是一位令人望而生敬的人，因为我们不知道他智囊般硕大的头颅内究竟包含着多少人生的智慧；他还是一位令人望而生畏的人，他额际密密的皱纹中不知隐藏着多少阴谋与陷阱；当然，他还是一位令人望而迷惘的人——他神奇般地出现在我们民族的孩童时代，大约是失望，或另有使命，又神奇般地消逝他方。

在夕阳的余辉中，他晃动着远去的身影，弃我们如弃敝屣。他对我们竟没有一毫的留恋之意，让我们世世代代为此难堪自惭。是的，老子出关而去是一件意义严重的事件，它表明，我们已经不配受哲学的引导；而我们自己由于迷醉与迷失于物质世界，也可耻地抛弃了哲学。一个绝顶的哲人，不屑与他的同胞为伍，甚至不愿埋骨乡梓，这难道不使他的同胞自信与自尊受挫吗？我写这篇文章时是真心感到了一种难以自掩的羞惭的。我的祖先怎么了？真的是堕落得万劫不复了吗？真的是不配这样的一位哲人来教导吗？

老子的行踪可以用这样一个词：神出鬼没。有人说他是神龙见首不见尾，在云端里半隐半显。不过，就算他是飞鸿，偶然经过我们的时空，也还是留下了雪泥鸿爪，还是给我们留下了怜悯和慈悲。司马迁不知有何

---

　　①　节选自《天纵圣贤》，中国青年出版社 2006 年版。鲍鹏山，文学博士，作家、学者，上海开放大学教授。著有《孔子是怎样炼成的》《风流去》《天纵圣贤》等。

依据,断言他是楚苦县厉乡曲仁里人。苦县原属陈,陈又为楚所灭,所以又属楚了。当时南方北方的民风与学风已有较大不同,楚国也就以道家学派及由此而生成的文化传统,自豪地与齐鲁大地的儒家、三晋大地的法家比肩而立鼎足而三。

老子的著作叫《道德经》。何谓德?一物之所以为一物谓之德,用今天的话说,就是事物的本质属性,特殊属性;何为道?万物运行之规律谓之道。所以,老子研究的,感兴趣的,是较为纯粹的哲学问题,是对客观具象事物的抽象。

他也是一位深谙历史的学者,司马迁说他是周守藏室之史,就是周王朝政府档案馆的馆长。那时的政府档案馆中所保存的文献,不外乎是史官们记事记言的历史罢了。他整天关在阴冷的屋子里读这些东西,能不"一篇读罢头飞白"?难怪他"生而发白"。他生在那么多既有的历史之后,如历史的一个晦气重重的遗腹子般。是的,对于有些人来说,人类集体的经历和创痛不外乎也就是他最个性的感性体验,老子正是这类超常人中的一个,面对着"上疆场,彼此弯弓月,流遍了,郊原血"的历史血河,他怎能不由美少年变为鸡皮"老子",并在他额头上深深浅浅密布的皱纹中,埋下与阴谋、与冷酷甚至与残忍难分难解的智慧?班固说,道家出于史官,是有感而发吧。

看多了罪恶,不是与世同浊,心肠随之冷酷,便是脱胎换骨,超凡入化,蜕化出一颗大慈大悲的心灵。综观老子的遗著,好像他这两者兼而有之,犹之乾坤始奠之前的混沌宇宙。不过我相信,当老子带着满头风霜,一脸慈悲,走出守藏室时,他已洞穿人生的厚壁。在阳光下他眯眼看人间,人间混乱而无道,正如一塌糊涂的历史。他心如止水。一切把戏他都已了如指掌,各色人物他也都似曾相识,周朝的大厦将倾,山河将崩,九州幅裂,小小的守藏室亦将面临一场浩劫,"金玉满堂,莫之能守"。那些厚重的典籍守不住也藏不住了。他抬头看看西天的晚云,去意满怀,是的,该走了。

不过,我们还算幸运。据司马迁的记载以及后来神仙家的推衍,当老子骑着青牛要出关而去时,被关令尹喜挡住了。这位尹喜对老子说:"子将隐矣，强为我著书"——在你抛弃我们之前，能否劳神一下，为我们留下你的思想？

多年以前，我揣摩老子此时的心情，假托老子口吻，写过一篇《老子出关》：

> 我已经没有什么故事告诉你们了。
>
> 我曾预言过劫数的到来。我曾以薄薄的柳笛吹起晚岚。然而那时你们甜寐于未朴的岁月之梦，白白地错过了时光。
>
> 召唤已经传来，我将离去。在另一国度的土地上播撒幻梦之粒。在我走进血红的夕阳之前，我留下这五千言的零乱缄言，在世纪的废墟中如泼散的弹子。愿你们仔细的收捡，当一切都已堕落，一切都已不可为，你们就去玩弹子。

那时我正在翻捡老子的五千言《道德经》，我的感觉就如同下午阳光下马路边上玩弹子的顽童。所不同者，玩弹子的顽童兴致勃勃，而玩老子五千言汉字"弹子"的我则有些百无聊赖。那时我的处境不妙，并且我的很多朋友都摇身一变成为商海健将，红光满面，挥斥方遒，雄姿英发，大有作为。所以我对自己落伍的行为感到很害羞，很寂寞。处盛世而无为，对自己也就很灰心。但灰心的人看老子，也算是一种精神寄托吧。

/ 思考 /

1. 面对世风日下、人心不古，老子选择了出关。有人说，这是对乱世的无言抗争；也有人说，这是对民生疾苦的无视逃避。你怎么看？理由是什么？

2. 作者在读典籍时，揣摩老子的心情，假托老子的口吻，写过一篇《老子出关》。你有这样的读书经历吗？试试看，用这样的读写法写一小段。

/ 荐读 /

"正是在对历史的重新阐释中,一个时代的价值观才能得以显现;一个时代的道德坐标才得以确立;一个时代的良心与正义才能得到检验;一个时代的认知水平与实践层次才能得到证明。同样,一个时代的渺小与卑微,简陋与浅薄也会如影现形;而一个时代的伟大与光荣也才能得到弘扬。"

鲍鹏山的学术散文,可以说是继季羡林、余秋雨之后新一代学人散文的翘楚,表现出的是新一代中国知识分子的个性、趣味以及批判精神。

书　　名:天纵圣贤
译　　注:鲍鹏山
出版信息:中国青年出版社
　　　　　2006 年版

庄周小传①

佘树声

/导读/ 有人说,在每个中国人的心里,都住着一个庄子。庄子用"独与天地精神往来"的生命态度,给后世处于灵魂困境中的人们带来了曙光。

庄周,宋国蒙邑人,现在河南商丘一带。大约生于公元前369年,周烈王七年;卒于公元前286年,周赧王二十九年。他和儒家学派的孟轲,诡辩派的惠施,属于同一个历史时代,他比孟轲大,比惠施小,惠施是同庄周经常在一起交谈论辩的朋友。

庄周的一生没有什么辉煌的历史,仅仅做过一段漆园这个地方的小吏,究竟是怎样离开的,是自动离职?是被上级革除?就不得而知了。

他有过那么一次交上了官运的好机遇,比孔子做鲁国的司法大臣(司寇)还大的官运,是威王让他做楚国的宰相。和孔子不一样,他竟没有孔子那种"吾岂匏瓜也哉?焉能系而食"求官不得的急切心情,反而视位极人臣的相国之尊为用于祭祠的大黄牛。司马迁在《史记》中有极好的记载:

> 楚威王闻庄周贤,使使厚币迎之,许以为相。庄周笑谓楚使者曰:"千金,重利;卿相,尊位也。子独不见郊祭之牺牛乎?养之数岁,衣以文绣,以入大庙。当是之时,虽欲为孤豚,岂可得

---

① 选自《白话庄子》(稍有改动),张玉良主编,三秦出版社1990年版。佘树声,安徽亳州人,著名历史学家,著有《历史哲学》《历史文化的多维透视》等。

乎？子亟去，无污我。我宁游戏于污渎之中自快，无为有国者所羁，终身不仕，以快吾志焉。"

《秋水篇》也记述了这件事，它是这样写的：

> 庄子钓于濮水，楚王使大夫二人往先焉。曰："愿以境内累矣（按：指担任宰相）。"庄子持竿不顾，曰："吾闻楚有神龟，死已三千岁矣，王巾笥而藏之庙堂之上。此龟者，宁其死为留骨而贵乎？宁其生而曳尾于涂中乎？"二大夫曰："宁生而曳尾于涂中。"庄子曰："往矣！吾将曳尾于涂中。"

庄周这种不同统治阶级同流合污的高洁品格，连他的朋友惠施都不理解；不是不理解，是惠施把官位看得太神圣了，生怕有人抢了去：

> 惠子相梁，庄子往见之。或谓惠子曰："庄子来，欲代子相。"于是惠子恐，搜于国中三日三夜。庄子往见之，曰："南方有鸟，其名为鹓鶵，子知之乎？夫鹓鶵发于南海，而飞于北海，非梧桐不止，非练食不食，非醴泉不饮。于是鸱得腐鼠，鹓鶵过之，仰而视之，曰：'吓！'今子欲以子之梁国而吓我邪？"（《秋水》）

庄周的一生是在贫穷中度过的，下面的记载，是极好的证据。

> 庄子衣大布而补之，正廓系履而过魏王。魏王曰："何先生之惫邪？"庄子曰："贫也，非惫也。士有道德不能行，惫也；衣弊履穿，贫也，非惫也，此所谓非遭时也……。"（《山木》）
>
> 庄子家贫，故往贷粟于监河侯。监河侯曰："诺。我将得邑金，将贷子三百金，可乎？"庄周忿然作色曰："周昨来，有中

道而呼者。周顾视车辙中,有鲋鱼焉。周问之曰:'鲋鱼来,
子何为者邪?'对曰:'我,东海之波臣也。君岂有斗升之水而
活我哉?'周曰:'诺。我且南游吴越之王,激西江之水而迎
子,可乎?'鲋鱼忿然作色曰:'吾失我常与,我无所处,吾得
斗升之水然活耳,君乃此言,曾不如早索我于枯鱼之肆。"
(《外物》)

晚年,庄周的妻子先于他而走了,贫穷和痛苦对他心灵的长期折磨,
使他超脱于人世的哀乐之情以外了,吊唁的乡邻纷纷到来了,见到庄周盘
腿坐在妻子尸体的旁边,正鼓盆而歌呢!

　　庄子妻死,惠子吊之。庄子则方箕踞鼓盆而歌。惠子曰:
"与人居,长子,老身,死不哭亦足矣,又鼓盆而歌,不亦甚乎?"庄
子曰:"不然,是其始死也,我独何能不慨然?察其始而本无生,
非徒无生也而本无形,非徒无形也,而本无气,杂乎芒芴之间,变
而有气,气变而有形,形变而有生,今又变而至死,是相与为春秋
冬夏四时也。人且偃然寝于巨室,而我嗷嗷然随而哭之,自以为
不通乎命,故止之。"(《至乐》)

庄周从自然万物生生不已的变化中,找到了超越于悲哀之外的自然
基础,他是以同样的态度对待将要降临于自身的死之神:

　　庄子将死,弟子欲厚葬之。庄子曰:"吾以天地为棺椁,以日
月为连璧,星辰为珠玑,万物为赍送,吾葬具岂不备邪? 何以加
此?"弟子曰:"吾恐乌鸢之食夫子也。"庄子曰:"在上为乌鸢食,
在下为蝼蚁食,夺彼与此,何其偏也!"(《列御寇》)

庄周的一生是悲剧的一生,庄周的著述是留给人间的悲剧曲谱。庄

周的恨,却缺乏恨的手段与勇气;庄周的爱,却缺乏爱的胆略与资具。因此他不得不向自然这个至高无上的主宰那里逃遁,以求得与自然运行机制的合一。在这种合一里,找到灵魂的慰藉,并且是在这神,在自然奴隶主义的保护伞下取得了以扭曲的形式戏谑人生的权利:

> 昔者庄周梦为蝴蝶,栩栩然蝴蝶也,自喻适志与,不知周也。俄然觉,则蘧蘧然周也。不知周之梦为蝴蝶与? 蝴蝶之梦为周与? 周与蝴蝶,则必有分矣,此之为物化。(《齐物论》)

然而,在这种自然奴隶主义的屈从中,却蕴涵着既是属于庄子个人的同时又是属于我们民族的冲决一切网罗的意志与能量:

> 北冥有鱼,其名为鲲。鲲之大,不知其几千里也。化而为鸟,其名为鹏。鹏之背,不知其几千里也;怒而飞,其翼若垂天之云。是鸟也,海运则将徙于南冥,南冥者,天池也……鹏之徙于南冥也,水击三千里,抟扶摇而上者九万里。(《逍遥游》)

/ 思考 /

1. 作者说,庄子"在自然奴隶主义的保护伞下取得了以扭曲的形式戏谑人生的权利",又说"在这种自然奴隶主义的屈从中,却蕴涵着既是属于庄子个人的同时又是属于我们民族的冲决一切网罗的意志与能量",这矛盾吗? 为什么?

2. 此文是现代历史学家给庄子做的传,但半文半白,不到两千字的篇幅夹杂了九段《庄子》的原文。读这样的文章,你有何感受? 做何评价?

/ 荐读 /

读《老子》，如同听长辈教诲，句句都是道理；读《论语》，如同听老师讲课，句句皆有教益；读《孟子》，如同听圣人布道，句句均会动心；而读《庄子》，则仿佛听智者谈天，自由，诙谐，天然，率真，常令人会心一笑。《庄子》一书虽古老，但参照注释，还是容易理解的，所以读书的路上，不要错过。

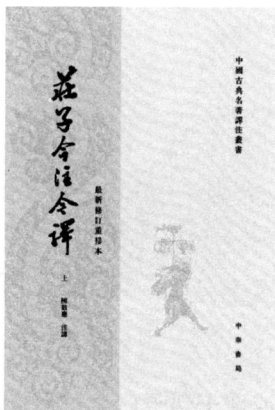

书　　名：庄子今注今译
注　　译：陈鼓应
出版信息：中华书局 2009 年版

《列子》三则①

/导读/ 《列子》里面有一些有趣的小故事，也有一些有益的小哲理，还有一些有声有色的小对话，令人深思。

列子贵虚

或谓子列子曰："子奚贵虚？"列子曰："虚者无贵也。"

子列子曰："非其名②也，莫如静，莫如虚。静也虚也，得其居矣；取也与也，失其所矣。事之破砽③而后有舞④仁义者，弗能复⑤也。"

海上之人好沤鸟

海上之人有好沤鸟⑥者，每旦之海上，从沤鸟游，沤鸟之⑦至者百住⑧而不止。其父曰："吾闻沤鸟皆从汝游，汝取来，吾玩之。"明旦之海上，沤鸟舞而不下也。故曰：至言去言，至为无为。齐智之所知，则浅矣。

---

① 选自《列子选译》，王丽萍译注，凤凰出版社 2011 年版。列子，名寇，又名御寇（"列子"是后人对他的尊称），周朝郑国圃田（今河南省郑州市）人，战国前期道家代表人物。《列子》又名《冲虚经》，属于早期黄老道家的一部经典著作，为列子、列子弟子以及其后学所著，其思想主旨本于黄老、近于老庄，追求了一种冲虚自然的境界。

② 名：相对"实"而言。

③ 砽（huǐ）：损坏。

④ 舞：舞弄。

⑤ 复：恢复。

⑥ 沤鸟：海鸥，"沤"通"鸥"。

⑦ 之：往，到。

⑧ 住：当作"数"。

物不至则不反

目将眇①者,先睹秋毫②;耳将聋者,先闻蚋③飞;口将爽④者,先辨淄渑⑤;鼻将窒者,先觉焦朽⑥;体将僵者,先亟⑦奔佚⑧;心将迷者,先识是非:故物不至者则不反⑨。

/ 思考 /

1. 此三则《列子》各讲了什么道理? 你认同这些道理吗?

2. 此三则《列子》各采用了什么说理方式? 你更喜欢哪一种? 为什么?

/ 荐读 /

《列子》也是道家的经典著作之一,被后世称为《冲虚真经》。与《老子》(亦称《道德经》)、《庄子》(亦称《南华真经》)不同的是,此书各章自成体系,而且有不少篇幅短小,浅显易懂,明白晓畅,让人读来觉得颇有意思。故不妨一读,感受一下战国百家中的"一家之言"吧。

书　　名:列子选译
译　　注:王丽萍
出版信息:凤凰出版社
2011 年版

---

① 眇(miǎo):眼盲。
② 秋毫:秋天鸟兽身上的细毛,比喻极细小之物。
③ 蚋:蚊子。蚋飞比喻极轻微的声音。
④ 爽:伤败。
⑤ 淄渑:水名。淄水即今山东境内的淄河。水源出今山东临淄东北,久湮。
⑥ 焦朽:东西焦坏的气味。
⑦ 亟:通"急",迫切。
⑧ 奔佚:奔逸。
⑨ 反:转向相反的方向。

入蜀记(节选)①

陆　游

/导读/　壮景固然成大块文章,幽奇、清秀、深邃之境亦清新可赏。

　　八日。五鼓尽,解船过下牢关。夹江千峰万嶂,有竞起者,有独拔者,有崩欲压者,有危欲坠者,有横裂者,有直坼②者,有凸者,有洼者,有罅③者,奇怪不可尽状。初冬草木皆青苍不凋,西望重山如阙,江出其间,则所谓下牢溪也。欧阳文忠公有《下牢津》诗云:"入峡江渐曲,转滩山更多",即此也。系船与诸子及证师④登三游洞,蹑石磴二里,其险处不可着脚。洞大如三间屋,有一穴通人过,然阴黑峻险尤可畏。缭山腹,伛偻⑤自岩下,至洞前,差可行。然下临溪潭,石壁十余丈,水声恐人。又一穴后,有壁可居,钟乳岁久,垂地若柱,正当穴门。上有刻云:"黄大临、弟庭坚、同辛纮、子大方,绍圣二年⑥三月辛亥来游。"旁石壁上刻云:"景佑四年⑦七月十日,夷陵欧阳永叔。"下缺一字。又云"判官丁",下又缺数字。丁者,宝臣也,字元珍。今丁字下二字,亦仿佛可见,殊不类元珍字。又永叔但曰夷陵,不称令。洞外溪上又有一崩石偃仆,刻云:"黄庭坚、弟叔向、子相、侄槃同道人唐履来游,观辛亥旧题,如梦中事也。建中靖国元年⑧三

---

　　①　选自《陆游选集》,朱东润选注,上海古籍出版社 1962 年版。陆游(1125—1210),字务观,号放翁,越州山阴(今浙江绍兴)人,南宋文学家、史学家、爱国诗人。

　　②　坼(chè):裂。

　　③　罅(xià):裂。

　　④　证师:僧了证。

　　⑤　伛偻(yǔ lǚ):腰背弯曲。

　　⑥　绍圣二年:公元 1095 年。

　　⑦　景佑四年:公元 1037 年。

　　⑧　建中靖国元年:公元 1101 年。

月庚寅。"按鲁直初谪黔南,以绍圣二年过此,岁在乙亥,今云辛亥者误也。泊石牌峡。石穴中,有石如老翁持鱼竿状,略无少异。

/ 思考 /

1. 这是一篇短小精美的游记,作者在入蜀途中看到了哪些景物,请你试着理清作者的游踪。

2. 陆游在游记后半部分提及黄庭坚、欧阳修等人三游洞,自己查询作者入蜀背景,体会作者的情感。

/ 荐读 /

浮生若梦,为欢几何? 清代文人沈复《浮生六记》用清澈的书香,抒写平凡而又充满情趣的居家生活的平常幸福和游玩各地的所见所闻。他以清新的文字让年少的你在热闹中能静心思考,于坎坷愁绪中会豁然开朗。俞平伯说这本书,"俨然一块纯美水晶,只见明莹不见衬露明莹的颜色;只见精微,不见制作精微的痕迹"。

书 名:浮生六记
作 者:[清]沈复
出版信息:中国青年出版社
2009 年版

古代诗歌五首①

/导读/ "自从盘古开天地，三皇五帝到于今。"三皇五帝的时代，人们也吟诗唱歌，他们的歌声里也饱含着深情厚谊，也传达出美好愿景。

击壤歌

《帝王世纪》:帝尧之世，天下太和，百姓无事，有老人击壤而歌。

日出而作。日入而息。凿井而饮。耕田而食。帝力②于我何有哉。

尧　戒

《淮南子·人间训》:

战战栗栗。日谨一日。人莫踬于山。而踬于垤③。

南风歌

《家语》:舜弹五弦之琴，歌《南风》之诗，其诗曰:

南风之薰兮，可以解吾民之愠兮。南风之时兮。可以阜吾民之财④兮。

---

① 选自《古诗源》，沈德潜选编，闻旭初标点，中华书局 2017 年版。
② 帝力:这里指尧帝的力量。
③ 踬(zhì)于垤(dié):绊倒在小土堆。
④ 阜(fù)吾民之财:丰富百姓的财物。

卿云歌

《尚书·大传》:舜将禅禹,于是俊乂百工,相和而歌卿云。帝倡之,八伯咸稽首而和,帝乃载歌。

卿云烂兮。纠缦缦兮。日月光华。旦复旦兮。

禹玉牒辞

祝融司方发其英。沐日浴月百宝生。

/ **思考** /

1. 读远古的诗歌,你的感受如何? 尧、舜、禹是先民中的杰出代表,从他们吟咏的诗句中,你能体会到他们的思想情感吗?

2. 后代诗歌的发展,是基于这些短小的甚至片段的诗歌的。请从句式上,举例说说后世诗歌与这些古诗的源流关系。

/ **荐读** /

读早期的诗歌,如同读中国诗歌成长的童年时代,虽没有唐诗宋词的成熟丰润,却有一种独特的魅力。其实,没有这些早期的诗歌,就没有后来的唐诗宋词,唐宋诗词的繁荣鼎盛,正是基于这些早期诗歌的探索。那么,追本溯源,何不去看看这些后世诗歌的开端?

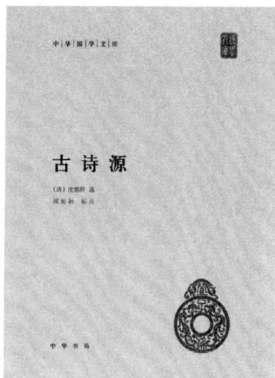

中学国学文库

古诗源

[清]沈德潜 选
闻旭初 标点

中华书局

书　　名:古诗源
编　　选:[清]沈德潜
出版信息:中华书局2017年版